Thijs Willems

125 JAAR BOSGROEI

in de voetsporen van Thijsse

Thijs Willems 1896 → 2021

novum pro

Dit boek is ook als
e-book
verkrijgbaar.

w w w . n o v u m p u b l i s h i n g . n l

© 2022 novum publishing

ISBN 978-3-99131-063-1
Geredigeerd door: Ine van Gerwe
Omslagfoto: Thijs Willems
Ontwerp omslag, lay-out & typografie:
novum publishing
Foto's binnendeel: Thijs Willems
Auteursfoto: Thijs Willems

De door de auteur beschikbaar
gestelde afbeeldingen werden in de
bestmogelijke kwaliteit gedrukt.

www.novumpublishing.nl

Inhoudsopgave

Voorwoord

De bosgebieden van het Montferland, in het zuidoosten van de provincie Gelderland, vormden voor Jac. P. Thijsse een geliefde vakantiebestemming. Hij deed deze regio in 1896 aan omdat er in die jaren al grote oppervlakten met naaldbos aanwezig waren en omdat hij van vroegere jaren wist dat deze bossen niet al te best werden onderhouden. Zijn liefde voor de Montferlandse bossen komt wellicht het best tot uiting in de volgende zin:

"Er is veel gesproken en geschreven over 't sombere naaldenwoud, waar alom doodsche stilte heerscht ... Maar even waar is het, dat op honderd plaatsen in ons land nog dennebosschen gevonden worden, waar 't rijke, poëtische woudleven in al zijn volheid en verscheidenheid in zomer of winter in de herfst of in de lente te genieten valt. Zoo zijn de Montferlandsche bosschen" [1]

Zijn boek is een van de eerste ecologische beschrijvingen van de Nederlandse bossen, en juist doordat hij zo nauwkeurig zijn waarnemingen bijhield en zijn locaties noteerde, is het voor mij mogelijk zijn reis over te doen om te ervaren hoe de Nederlandse bossen in al die jaren zijn veranderd.

Omdat onze bossen zo divers zijn en ik niet zou weten waar te beginnen heb ik besloten dit boek in de vorm van een reisverslag te schrijven en jou als lezer mee te nemen tijdens mijn vakantie in het Montferland. Zoveel als mogelijk bezoek ik dezelfde locaties als Thijsse, en wanneer hij geen concrete locatieduiding heeft toegevoegd, heb ik op basis van literatuur en interpretatie geprobeerd de locaties te achterhalen of bezocht ik een vergelijkbaar terreindeel.

Inleiding

In 1897 verscheen een boekje genaamd 'Hei en Dennen' van de hand van Eli Heimans en Jac.P. Thijsse, de oprichters van de Vereniging tot Behoud van Natuurmonumenten[2] die vandaag de dag grote oppervlaktes natuurgrond in handen heeft. Heimans bracht een bezoek aan de toen nog immense heidevelden van ons land en Thijsse aan de naaldbossen van het Montferland. Thijsse beschreef dat hij het gebied in 1896 bezocht, 125 jaar geleden. Voor dit boek heb ik de reis die Thijsse in 1896 ondernam in de zomer van 2020 zo goed mogelijk overgedaan om te ervaren in welke mate de Montferlandse bossen in de tussentijd zijn veranderd. Hoe heeft dit gebied, en in bredere zin het Nederlandse bos, zich de afgelopen 125 jaar ontwikkeld? Wat hebben al die jaren van bosbouw, grootschalige ontginning, schaalvergroting in de landbouw, zure regen, stikstofdepositie en klimaatverandering uitgehaald met de bossen waar Thijsse zo lyrisch over schreef?

Het Tolhuis waar Thijsse destijds verbleef, bestaat nog steeds, maar is tegenwoordig ingebouwd in het dorp Zeddam en niet langer als overnachtingsplaats in gebruik. Zelf sta ik op camping het Peeske, die net als het vroegere Tolhuis in de bosrand is gelegen, zodat ik een idee krijg van de ervaring die Thijsse destijds gehad moet hebben. Mijn verblijf zal een kleine week duren en in die tijd zal ik proberen een zo uitgebreid mogelijk beeld te schetsen van de soortenrijkdom van deze bossen en de verschillen met een ruime eeuw geleden. Alle plaatsen waarvan Thijsse beschreef dat hij er was geweest, heb ik opnieuw bezocht en ik heb actief gezocht naar de soorten die hij benoemde. Aan het einde van het boek wordt de vastgestelde verandering van de soorten in het Nederlandse bos samengevat en wordt een blik op de toekomst geworpen.

DONDERDAG
9 JULI 2020

1 Aankomst

Op een regenachtige dag bepak ik mijn fiets om de reis naar de uitgestrekte bossen van het Montferland te beginnen. Met net de laatste tentamens achter de rug en de vakantie in het vooruitzicht is de tijd aangebroken om de Montferlandse heuvels te betreden, zoals een van de oprichters van de Vereniging tot Behoud van Natuurmonumenten, Jac. P. Thijsse, dat in 1896 ook deed. Vanuit mijn woon- en studieplaats Velp ligt het gebied slechts een ruime twintig kilometers van mij verwijderd, maar de regen en de wind die door het vlakke rivierenland razen, maken de tocht allesbehalve gemakkelijk. Al van verre zijn de groengetooide heuvels met hun gouden kransen van graan aan de horizon te zien. En al spoedig verschijnen de plaatsnamen op de borden waarvan Thijsse beschreef dat hij er was geweest, waardoor de roep van het lonkend achterland sterker wordt.

De vragen rijzen in mij op, in welke mate hier nog aanwezig is, wat Thijsse hier destijds mocht aantreffen. Brede wespenorchissen, groene spechten, moerasviooltjes, zwarte mezen en dennenboktorren; in hoeverre hebben zij de tand des tijds doorstaan en hebben zij weten stand te houden in het groene eiland in de zee van verstedelijking, intensieve landbouw en infrastructurele projecten? De komende dagen zullen het leren.

Eenmaal aangekomen zet ik mijn tent op, op een klein trekkersveld aan de westkant van de Montferland-groep, op natuurkampeerterrein het Peeske. Het oude tolhuis waar Thijsse verbleef, aan de voet van de Galgenberg, is niet langer in gebruik als overnachtingsplaats, maar mijn locatie is in vele opzichten vergelijkbaar met zijn verblijf. Aan de rand van hetzelfde bosgebied, met een uitzicht over vergelijkbare graanvelden als die hij daar destijds aantrof. Het enige verschil is wellicht dat Thijsse het er een stuk luxer vanaf bracht in z'n droge tolhuis. De regen vloeit van de helling alsof de drie jaren van ongekende droogte die ons land hebben geteisterd even in enkele dagen ingelost dienen te worden. Na enig ploeterwerk staat de tent dan toch, en juist op dat moment houdt de regen op. Later begint deze echter weer, en wel in die mate dat van mij schijnbaar wordt verwacht een compleet waterbouwkundig netwerk van greppels te graven om mijn tent ten minste een beetje droog te houden.

1.1 Meer boomsoorten in het Montferlandse bos

Nu alles eenmaal uitgepakt op zijn plaats terechtgekomen is, en de greppels goed afwateren, kan ik starten met beschrijven hoe het bos er op het eerste oog bij ligt. Want al vlak na mijn komst in de Montferlandse heuvels valt mij op dat het bos dat Thijsse eens beschreef, niet meer ter plaatse aanwezig is. Hij schrijft over hoge lariksen (*Larix spec.*) die in grote regelmaat diagonaalsgewijs zijn aangeplant op de steile hellingen van de heuvels met in het achterland een onafzienbaar dennenbos (*Pinus sylvestris*) met sparren (*Picea abies*) ertussen[1]. Vandaag de dag is voor de leek amper nog zichtbaar dat dit bos überhaupt ooit is aangeplant; geen bomenrij is nog te herkennen in de weelderige begroeiing die de heuvels bedekt. Het is enkel dat ik afgelopen jaar van een gids in het Poolse oerbos van Bialowieza heb geleerd dat er in een natuurlijk bos geen denkbeeldige liniaal gelegd kan worden langs de toppen van de bomen, omdat zij allen van hoogte, ouderdom en dikte verschillen, waardoor ik wist dat dit bos eens aangeplant moet zijn. Ook doordat er boomsoorten voorkomen die van nature niet thuishoren op een Nederlandse stuwwal, is deze historie nog goed zichtbaar.

Afbeelding 1 *Enkele loofbomen uit het Montferland*

De aanwezigheid van slechts drie boomsoorten die veel voorkomen, behoort tot een ver verleden. Alleen al in de bosrand,
in de directe omgeving van mijn tent, tref ik gewone esdoorns
(*Acer pseudoplatanus*), gewone vlieren (*Sambucus nigra*), wilde
lijsterbessen (*Sorbus aucuparia*) en zomereiken (*Quercus robur*)
aan, om maar te zwijgen over de rijkdom van de bossen zelf.
Door elkaar gemengd, vormen beuk (*Fagus sylvatica*) en winter-
reik (*Quercus petraea*) een uitgestrekt loofbos op de helling ten

noorden van de Beekseweg, en de overige bossen zijn begroeid met allerlei boomsoorten, inheems zowel als uitheems, naald zowel als loof, gemengd zowel als gescheiden. Thijsse zou eens moeten zien van welk een schoonheid zijn geliefde Montferland vandaag de dag getuigt. De rijkdom en de verscheidenheid van de Montferlandse bossen is veelbelovend te noemen voor de dagen die zullen volgen.

VRIJDAG
10 JULI 2020

2 De Galgenberg en het twaalfjarig pijnbos

De Galgenberg en het daarop gelegen 'twaalfjarig pijnbos' is een vaak terugkerend thema in Thijsses beschrijvingen. Reden te meer om op de eerste dag van mijn verblijf een kijkje te nemen op deze heuvel.

2.1 Het twaalfjarig pijnbos anno 2020

Pijnbossen zijn bossen bestaande uit de grove den (*Pinus sylvestris*), die vroeger nogal eens pijnboom genoemd werd. Naast de 's Heerenberger Straatweg, tegenwoordig Drieheuvelenweg genoemd, zou een dubbele rij lariksen aanwezig zijn geweest en tegen de helling van de Galgenberg zou 'een tamelijk nuchter op rijen gepoot, twaalfjarig pijnbos' hebben gestaan. Thijsse beschreef de bossen die tegen de Galgenberg waren gepoot al als uiterst vogelrijk. Hij prees de Montferlandse bossen omdat ze 'niet al te best onderhouden' werden en begroeid waren met 'blauwbes (*Vaccinium myrtillus*) en allerhande onkruid.' In het twaalfjarig pijnbos merkte hij de aanwezigheid op van grasmussen (*Sylvia communis*), roodborsten (*Erithacus rubecula*) en in de avonduren zelfs nachtzwaluwen (*Caprimulgus europaeus*) die de zwarte mesttorren uit de lucht grepen. Langs de weg naar Terborg zouden tussen het mos brede wespenorchissen hebben gestaan die de hoogte van een meter bereikten en soms wel zes stengels hadden. Hij beschreef hoe hij deze orchis in heel het land aantrof, maar nergens zo hoog als hier. Deze orchissen werden voornamelijk bestoven door boswespen (Toen *Vespa sylvatica*, nu *Dolichovespula sylvestris*), die in deze regio zeer algemeen waren[1].

Nu ik de heuvels van de Galgenberg beklim, tref ik een totaal ander bos dan dat Thijsse in zijn tijd ooit heeft kunnen zien in Nederland. In motregen gehuld ligt daar een hoog opgeschoten bos met grove dennen, waarschijnlijk meer dan een halve eeuw oud, met een weelderige ondergroei van ruwe berk (*Betula pendula*), wilde lijsterbes, sporkehout (*Frangula alnus*) en Amerikaanse vogelkers (*Prunus serotina*). De hogere larikspercelen die her en der gestaan hebben, zijn recentelijk gekapt en vervangen door jonge aanplant met sparren. Zo liggen er opengekapte plekken in het hoge dennenbos met vreemd uitziende, verticale buizen waarbinnen sparren zijn aangeplant. Deze zogeheten plantkokers zijn bestemd om de lokale reeën (*Capreolus capreolus*) en hazen (*Lepus europaeus*) ervan te weerhouden de frisgroene loten van de jonge aanplant te nuttigen. Als ze de hoofdscheut van de jonge boompjes eten, zullen deze in de toekomst onherroepelijk kromme staken vormen, tot verdriet van de bosbouwer die het liefst rechte staken ziet om kwaliteitshout te kweken[3]. De begroeiing op de open plekken verschilt in redelijke mate van die in het besloten dennenbos. Opvallend zijn de golvende stengels van de bochtige smele (*Deschampsia flexuosa*), die met hun prachtig uitziende oranje kleur de open plek markeren. Ook het wit van de rankende helmbloem (*Ceratocapnos claviculata*), een tere bodembedekker die de resterende boomstobben volledig overgroeit, is een opvallende verschijning. Deze stikstofminnende planten doen het goed op opengekapte plaatsen. Omdat de dikke strooisellaag, die in vele decennia in het dichte bos is gevormd, door het overvloedig zonlicht in enkele jaren zal verteren, zal deze alle opgeslagen voedingsstoffen in een paar jaar aan de bodem prijsgeven[4].

Voorbij de open plek kruis ik een jonge laan, beplant met beuken van gelijke leeftijd. Wanneer een oude beukenlaan niet meer als zodanig herkenbaar aanwezig is, bijvoorbeeld doordat veel beuken zijn afgestorven en de gaten zijn opgevuld door andere bomen, besluit men vaak om de gehele laan in een keer te kappen en te herplanten. Alleen op deze manier kan het karakteristieke laanbeeld behouden blijven[5]. Om de aanplant succesvol te laten verlopen, is hier een brede strook bos gekapt en de bodem gefreesd. De begroeiing vertelt dat dit slechts kortgeleden gebeurd moet zijn. Een echte pioniersvegetatie met perzikkruid (*Persicaria maculosa*) en waterpeper (*Persicaria hydropiper*) met her en der een hoger opgeschoten Canadese fijnstraal (*Conyza canadensis*) groeit op de bodem van de pas geplante laan. Een waar onderschatte plant betreft deze, het perzikkruid, dat maar al te vaak als onkruid wordt afgedankt. Met zijn prachtige, roze bloemen trekt hij veel insecten en zijn blad is in trek bij talloze nachtvlinderrupsen waaronder de perzikkruid-uil (*Melanchra persicariae*). Een oude, Christelijke legende vermeldt dat deze plant de zwarte vlekken op zijn bladeren heeft verkregen doordat hij onder het kruis zou hebben gestaan toen Christus werd gekruisigd. Zijn bloed zou op de bladeren terecht zijn gekomen en tot op de dag van vandaag een zwarte vlek vormen[6]. Een heel ander beeld zul je nu hopelijk hebben van dit 'onkruid' als het in je tuin opkomt.

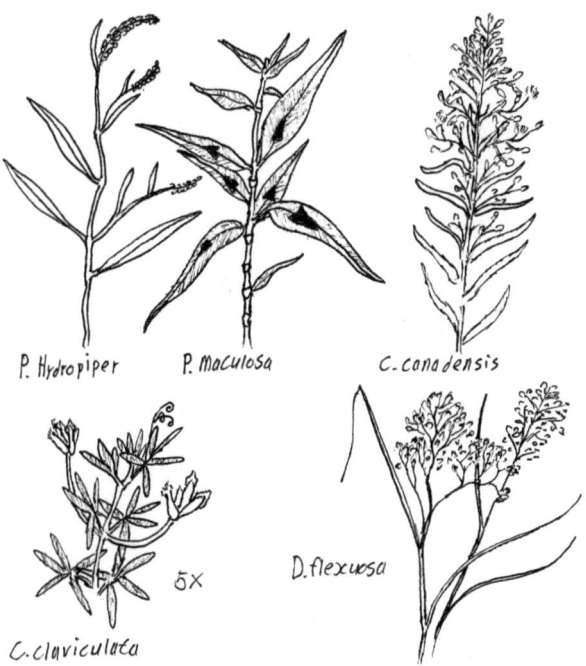

P. Hydropiper   P. maculosa   C. canadensis

C. claviculata   5×   D. flexuosa

Afbeelding 2 *Flora in de jonge beukenlaan en open plekken*

Nu ik de jonge laan heb doorkruist, betreed ik opnieuw een oud dennenbos. Ik besluit eens te noteren welke vogels er zoal zingen in het hoge, gelaagde bos. Thijsses grasmussen (*Sylvia communis*) zijn verdwenen en vervangen door een bont gezelschap aan bosgebonden zangvogels. De volgende vogelsoorten tref ik slechts in dit ene bosperceel:

Afbeelding 3 *Bosvogels op de Galgenberg*

1. Boomklever (*Sitta europaea*)
2. Boomkruiper (*Certhia brachydactyla*)
3. Buizerd (*Buteo buteo*)
4. Gaai (*Garrulus glandarius*)
5. Goudhaan (*Regulus regulus*)
6. Grote bonte specht (*Dendrocopos major*)
7. Houtduif (*Columba palumbus*)
8. Matkop (*Poecile montanus*)
9. Merel (*Turdus merula*)
10. Roodborst (*Erithacus rubecula*)
11. Tjiftjaf (*Phylloscopus collybita*)
12. Vink (*Fringilla coelebs*)
13. Winterkoning (*Troglodytes troglodytes*)
14. Zanglijster (*Turdus philomelos*)
15. Zwartkop (*Sylvia atricapilla*)

In vergelijking met het twaalfjarig dennenbos uit Thijsses tijd is dit een zeer soortenrijk bos, vol bosgebonden soorten. En de aanwezigheid van al deze vogels zegt iets over het bos; iedere soort bezet zijn eigen plaats in het meest complexe ecosysteem wat in ons land maar mogelijk is. Wat zou Thijsse hebben genoten van dergelijke gevarieerde bossen, die we tegenwoordig 'normaal' zijn gaan vinden in ons land.

Het twaalfjarig pijnbos dat Thijsse hier aantrof was een relatief soortenarm bos dat zich in de zogeheten stakenfase bevond. Hij beschreef hoe hier wel een paar honderd meter ver gekeken kon worden en hoe er op de bodem niets meer groeide dan enkel wat geelgroen mos[1]. Uit de literatuur is bekend dat deze bosontwikkelingsfase de meest soortenarme fase betreft[7]. De vogelsoorten die Thijsse beschreef (nachtzwaluw, grasmus en roodborst) zijn soorten van jong bos en bosrandgemeenschappen[8]. In feite was het 'bos' dat Thijsse op de helling van de Galgenberg aantrof dan ook nog helemaal geen echt bos te noemen. Dat is het later pas geworden, en vanaf de stakenfase neemt de soortenrijkdom van het bos langzaam toe[7]. De bomen worden hoger, her en der gaan bomen dood en onder de bomen ontwikkelt zich een struiklaag. In wezen heeft het bos zo meerdere 'etages' waar weer andere vogelsoorten tot broeden kunnen komen. Daarnaast ontstaan er verspreid in het gebied holtes in de bomen, al dan niet bevorderd door spechten, die op hun beurt weer broedgelegenheid bieden aan holenbroeders zoals de boomklever en de koolmees (*Parus major*). Verticaal wordt het bos ook interessanter doordat oudere bomen, afhankelijk van de boomsoort, een ruwere schors krijgen waartussen zich tal van ongewervelde dieren kunnen verschansen die op hun beurt gegeten worden door stamfoerageerders als boomklever en boomkruiper. De aanwezigheid van een voldoende complete vogelgemeenschap biedt op zijn beurt plaats aan roofvogels zoals de sperwer (*Acipiter nisus*) en de havik (*Acipiter gentilis*).

Afbeelding 4 *Links, van boven naar beneden: Het bostype zoals Thijsse het beschreef, boven het bostype dat ik aantrof en onder het Poolse oerbos van Bialowieza*

Indien er geen vlaksgewijze eindkap zal plaatsvinden in dit bos – dat wil zeggen dat alle bomen in een keer worden gekapt zoals we bij de beukenlaan hebben gezien – zal het bos op termijn in de aftakelingsfase terechtkomen waarin de oude boomgeneratie geleidelijk afsterft en plaatsmaakt voor een nieuw bos[7]. De struiklaag zal dan uitgroeien tot een nieuwe boomlaag en de gaten die zijn gevallen door afstervende dan wel omgezaagde bomen opvullen. Het absolute summum van de bosontwikkeling vormt dan ten slotte een gevarieerde mozaïek waar alle ontwikkelingsfasen van het bos door elkaar voorkomen zoals het geval is in het Poolse oerbos van Bialowieza, het laatste overgebleven oerbos van de Noordwest-Europese laagvlakte en zodoende het Nederlands referentiegebied. Voordat de Nederlandse bossen zover zijn, zijn we echter vele eeuwen verder. De ontwikkeling gaat op veel plaatsen echter wel de goede kant op, mede omdat de struiklaag in veel oude productiebossen uit boomsoorten bestaat die van oorsprong in Nederland thuishoren[9]. Ook de kruid- en de moslaag van het bos zijn vele malen soortenrijker dan in Thijsses tijd. Waar hij schreef dat er op de grond niets anders leek te liggen dan wat geelgroen mos, tref ik er vandaag de dag brede stekelvarens (*Dryopteris dilatata*), adelaarsvarens (*Pteridium aquilinum*) en blauwe bosbessen. Wat betreft de mossen groeien er soorten als bronsmos (*Pleurozium schreberi*), gaffeltandmos (*Dicranum scoparium*) en kussentjesmos (*Leucobryum glaucum*).

Mijn nieuwsgierigheid wordt gewekt door een smal paadje. Het paadje kruist het pad waarover ik loop en lijkt over een omgevallen den het bos in te verdwijnen. De regen maakt het helaas nagenoeg niet mogelijk om aan de hand van prenten op het pad te achterhalen welk dier hier verantwoordelijk voor is, maar een vermoeden heb ik wel. Aangezien de meeste grotere zoogdieren hier ontbreken, liggen er eigenlijk nog drie opties open. Ree (*Capreolus capreolus*), vos (*Vulpes vulpes*) of das (*Meles meles*). Doordat de volledige moslaag van de omgevallen boom ter hoogte van het paadje is verdwenen valt uit te sluiten dat het alleen door reeën wordt gebruikt, die zijn met hun kleine hoeven en hoge poten niet in staat om zulke 'schade' aan te richten. Vossen staan er niet om bekend telkens eenzelfde route te bewandelen, zodat de das als juiste kandidaat overblijft, die juist bekend staat om vaste looproutes, wissels geheten, te gebruiken[10]. De rand van het Montferlands heuvelland is erg geschikt voor dassen. Voedselrijke graslanden die met enige regelmaat worden bemest en zo een hoog aandeel grijze regenwormen bevatten, liggen op korte afstand van reliëfrijke bossen, waar het dier zijn ondergrondse burchten uitgraaft[10]. Vreemd genoeg heeft Thijsse niets geschreven over de das, terwijl er juist rond 1900 zo'n twaalfduizend van moeten hebben rondgelopen in Nederland[11]. Wellicht was de das destijds zo'n algemene verschijning dat hij het niet waard was te beschrijven, of hij is Thijsse niet opgevallen door zijn nachtelijke levenswijze en zijn verblijf in ondergrondse holen.

Even verderop doorsnijdt een asfaltweg die heel toepasselijk 'Montferland' heet de heuvel van de Galgenberg. Ik steek de weg over, en aan de overzijde is het pad omzoomd door een hoge, oude beukenlaan. Ook de bossen zien er anders uit aan deze kant van de weg. Niet de grove den, maar een groot beukenbos (*Fagus sylvatica*) begroeit dit deel van de Galgenberg. Het zogenoemd bochtige smele-beukenbos vormt het eindstadium van de bosontwikkeling op de hogere zandgronden van Nederland[12]. Dit bostype heet geen bochtige smele-beukenbos omdat er zoveel bochtige smele (Afbeelding 2) groeit, maar omdat dit nagenoeg de enige vaatplant is die er met enige regelmaat kan groeien. Toen Thijsse hier in 1896 ronddwaalde, trof hij waarschijnlijk in zijn geheel geen beukenbossen aan. Wellicht een aantal jonge beukenlanen die de dennenvakken van elkaar scheidden, want wel schreef hij over eekhoorns die beukennootjes verstopten, en dat gaat knap lastig zonder beuken. Waar de meeste beukenbossen op het eerste oog iets weg lijken te hebben van een woestijn van dood blad met dikke beuken en geen struiken of mossen, is dat hier anders. Het bos is namelijk niet uitsluitend met beuken begroeid. Her en der staan hoge dennen die voldoende licht doorlaten voor een rijke struiklaag. Ook liggen er een aantal dode beuken in het bos waarvan de brede stammen de bodem bedekken.

2.2 Het belang van dood hout

Wanneer we naar de voet van zo'n omgevallen beuk lopen, zien we een vreemde ringvormige wond die zijn gehele stam lijkt te omringen. Je vraagt je misschien af welk dier in staat is om een volwassen beuk te doden door zijn dikke stam in te snoeren, maar dit is duidelijk mensenwerk. Het zogenoemde 'ringen' van bomen is een beheermaatregel om het aandeel dood hout in een bosgebied te verhogen[13]. Doordat de bastvaten van de boom worden onderbroken, kan hij niet langer glucose dat in de bladeren is gemaakt, transporteren naar zijn wortels waardoor hij als het ware verhongert. Het idee daarachter is vervolgens dat de dode boom rechtop blijft staan, maar dat heeft bij deze beuk duidelijk gefaald.

Dood hout is dermate belangrijk voor de biodiversiteit van het bosgebied dat het in het huidige Nederland, waar de bossen nog altijd overwegend 'jong' zijn, regelmatig nodig wordt geacht meer dood hout in het bos te brengen door bomen te doden. De uitspraak 'dood hout leeft' is dan ook een vaak terugkerend thema in de opleiding bos en natuurbeheer. En rechtopstaand dood hout trekt weer meer soorten aan dan liggend dood hout, hoewel ook dat laatste een breed scala aan soorten huisvest[13]. Van ieder stadium van de afbraak van een boom zijn weer net wat andere soorten afhankelijk. Een dode boom is een op zichzelf staand mini-ecosysteem dat zoveel soorten herbergt dat zo ongeveer de helft van alle diersoorten die in bossen voorkomen in meer of mindere mate afhankelijk is van dode bomen[13]. Een dode boom bevat in z'n totaliteit, wanneer we naar schimmels, dieren en planten kijken, zelfs meer levende cellen dan een levende[14].

Het is dus vanuit de biodiversiteit bekeken zeker aan te bevelen het aandeel dood hout in de Nederlandse bossen te verhogen, mede omdat in ons land slechts 13,8 kuub dood hout per hectare voorkomt[15] terwijl dit in een natuurlijk bossysteem meer dan 40 kuub per hectare kan zijn[13]. Maar wanneer we eerlijk zijn, kunnen we ook gewoon geduld hebben, want de toename van het aandeel dood hout is een natuurlijk proces dat samengaat met het ouder worden van het bos. Alleen willen we als mens het liefst zo spoedig mogelijk resultaten zien van onze inspanning, zelfs in het natuurbeheer. Het is daarom erg lastig honderd of zelfs duizend jaar geduld te hebben en de ontwikkeling die gaande is te volgen zonder hierop in te grijpen.

In Thijsses tijd kwam dood hout in z'n geheel niet voor in de Nederlandse bossen. Tot aan 1985 werden vrijwel overal alle dode bomen opgeruimd[16]. Het kon beter worden verkocht, het werd geacht een broeinest voor ziekten en plagen te zijn en het zag er rommelig uit[17]. In feite bleek het omgekeerde waar te zijn. Dood hout huisvest een grote biodiversiteit waaronder ook tal van sluipwespen en andere natuurlijke vijanden van 'plaag'dieren die in bossen voorkomen.

En zo'n dode beuk zoals hier nu voor mijn voeten ligt, is ook ontegenzeggelijk wel een uniek ecosysteem. Rijkelijk is hij begroeid met talloze soorten slaapmossen (*Hypnales spec.*), en de elfenbankjes (*Trametes versicolor*) versieren het boomlijk met een prachtige zwart-witte tekening.

De grootste rijkdom vinden wij echter onder de schors. Wanneer de beukenschors wordt verwijderd, ontluikt een verborgen, donkere wereld waar het zelfs in de droogste jaren vochtig blijft. Vochtig genoeg zelfs voor kreeftachtigen, die we normaal enkel in zee zullen aantreffen. Pissebedden, welteverstaan de ruwe pissebed (*Porcellio scaber*) en de kelderpissebed (*Oniscus asellus*), vormen een enorme kolonie op de plaats waar eens de bastvaten van de beuk het suiker uit de bladeren naar de wortels vervoerden. Voor velen is wellicht onbekend dat de pissebed nauwer verwant is aan krabben en garnalen dan aan insecten. Wanneer we de onderkant van de pissebed bekijken zijn zelfs zijn kieuwen zichtbaar. Het is ook niet verwonderlijk dat deze diertjes alleen kunnen overleven op voldoende vochtige plaatsen. Ook de gewone platrug (*Polydesmus denticulatus*), een veel voorkomende maar onbekende duizendpootsoort, komt voor onder de beukenschors. Anders dan andere duizendpoten is dit een herbivore diersoort die zich hoofdzakelijk voedt met dood, plantaardig materiaal, evenals de pissebedden dat doen.

Afbeelding 5 *Ruwe pissebed, gewone platrug en gewone pad*

Roofdieren die op dergelijke plaatsen leven, zijn duizendpoten zoals de gewone steenloper (*Lithobius forficatus*) en insecten zoals de gewone oorworm (*Forficula auricularia*). Waar die eerste een echt roofdier is, is die laatste meer een alleseter te noemen. Als het ware zijn het de wolf en de das in het klein. Dieper in het boomlijk, in het vermolmde hout dat onder de bast ligt, vinden we een groter dier: de gewone pad (*Bufo bufo*). Ook zij benut graag het vochtige microklimaat in de dode boom als schuilplaats. Amfibieën drogen sneller uit dan bijvoorbeeld reptielen en zoogdieren doordat hun huid waterdoorlatend is, dus zijn zij ook voor hun voortbestaan afhankelijk van vochtige schuilplaatsen om zich van het ene naar het andere open water te verplaatsen. En zoals Thijsse al schreef, is open water een schaars artikel in de Montferlandse bossen[1].

2.3 Complexe systemen

De vogelbevolking van het beukenbos wijkt in lichte mate af van die van het dennenbos. Een vogelsoort die te herkennen is aan zijn opvallende roep betreft de holenduif (*Columba oenas*). Deze duivensoort broedt voornamelijk in boomholtes en zijn aanwezigheid in een bosgebied vermeldt dan ook dat het een relatief oud bos betreft omdat zulke grote dieren niet in het minste of geringste gleufje tot broeden zullen komen. Ongetwijfeld profiteert hij evenals de eerder benoemde houtduif van de overvloedig aanwezige graanakkers in de directe omgeving van het bosgebied. Doordat grote delen van deze akkers biologisch worden beheerd door Natuurmonumenten, die ook in de winterperiode een deel van het gewas laat overstaan, is er jaarrond voldoende voedsel voor de duiven. Ook de eerder beschreven buizerd die her en der in de bossen broedt is voor zijn voedselvoorziening direct afhankelijk van de graanakkers en cultuurgraslanden rond de heuvels. Zijn voedsel bestaat goeddeels uit veldmuizen (*Microtus arvalis*) die juist in deze systemen massaal kunnen voorkomen.

Anders dan de buizerd zijn de sperwer (*Acipiter nisus*) en de havik (*Acipiter gentilis*), die ik alle twee heb waargenomen in de Montferlandse bossen, voornamelijk afhankelijk van zangvogels, hoewel met name haviken ook zoogdieren tot de grootte van een konijn kunnen eten[18]. De mannelijke havik en de sperwer eten voornamelijk de kleinere zangvogels[19] terwijl de vrouwelijke havik het veelal op duiven heeft gemunt[18]. Ook de sperwer is een prooidier van de havik. Het is goed te beseffen in welke mate de Montferlandse bossen zijn verweven met de omliggende akkers. Wanneer de akkers er niet hadden gelegen, waren er minder duiven geweest waardoor ook de dichtheid aan haviken lager zou kunnen uitvallen. Minder haviken leidt tot minder stress onder de broedende sperwers, waardoor een afname van de havikstand zou kunnen zorgen voor meer succesvolle sperwerbroedsels. Die jonge sperwers moeten eten, dus zullen er meer zangvogels worden gepakt met als gevolg dat hun broedsels eerder zullen mislukken en er dus meer rupsen zullen overleven met meer vraat aan bomen tot gevolg. Het is slechts een theoretische aanname, maar het is regelmatig goed te beseffen hoe complex ecosystemen in elkaar kunnen steken en hoe slecht wij als mens eigenlijk in staat zijn te kunnen inschatten welke invloed de dingen die wij doen, kunnen hebben. Iedere ingreep kan ongewenste effecten met zich meebrengen als deze niet voldoende wordt overdacht.

De niet-selectieve bestrijding van de eikenprocessierups, waarbij niet enkel deze rups, maar ook de andere rupsen op de eik sterven, zou volgens dergelijke redenatie kunnen zorgen voor een muizenplaag. Wanneer er te weinig rupsen zijn, krijgen zangvogels zoals mezen logischerwijs minder jongen groot, en als hun aantallen dalen, volgen al spoedig de roofvogels en uilen die voor hun voedselvoorziening afhankelijk zijn van zangvogels. Een sleutelrol ligt hier voor de bosuil (*Strix aluco*), een nachtelijke roofvogel die voornamelijk muizen en kleine zangvogels eet[20]. Wanneer de bosuil minder jongen groot krijgt door dalende aantallen zangvogels, hebben kleine knaagdieren in ieder geval in de nachtelijke uren minder te kampen met roofdieren waardoor zij zich sneller en meer succesvol kunnen voortplanten. Maar ook hier geldt, de ecologie is complexer dan we kunnen bevatten. Misschien leidt dit wel tot hele andere ontwkkelingen. Deze redenatie is enkel en alleen om aan te geven dat we beter moeten nadenken wat de gevolgen zouden kunnen zijn van ingrepen die we doen in natuurlijke populaties omdat er anders wellicht grotere problemen kunnen ontstaan dan het probleem dat we proberen op te lossen.

2.4 Oud-bosplanten

Maar om terug te komen op het beukenbos; even verderop stond een plant die duidt op een goed ontwikkelde bosbodem: het dalkruid (*Maianthemum bifolium*). Elders in de Montferlandse bossen heb ik al gewone salomonszegel (*Polygonatum multiflorum*) en witte klaverzuring (*Oxalis acetosella*) gevonden. Dergelijke soorten kunnen enkel worden aangetroffen op zeer oude bosgroeiplaatsen[21], wat zou suggereren dat de bossen in deze regio erg oud moeten zijn. Dat is echter niet aan de orde. Wel is het zo, dat deze plaats al lang met bos is begroeid, zoals nagenoeg voor het gehele Montferland geldt. Al in 1850 staat bos ingetekend op de helling van de Galgenberg[22], maar dit bos bestond in Thijsses tijd uit het twaalfjarig dennenbos en kan in de tussentijd steeds opnieuw gekapt en herplant zijn. Het gaat erom dat de laag organische stof die de bodem bedekt, beter bekend als de humuslaag, in al die jaren steeds iets dikker is geworden. Hoe langer een gebied bebost is, hoe beter ontwikkeld deze bodemlaag. In het Poolse oerbos waar ik vorig jaar verbleef, veerde de bodem zelfs licht mee wanneer ik deze betrad. En al die zwarte gronden bestaan voor een redelijke hoeveelheid uit opgeslagen koolstof, waardoor bossen niet enkel door de houtgroei bijdragen aan het beperken van de klimaatverandering, maar ook door hun bodemgroei. Bedenk dat er enkel in de strooisellaag, de laag met dood blad, van een gemiddeld Nederlands bos al zo'n 36 ton koolstof per hectare voorkomt. In de bodem zelf komt daar bovenop nog zo'n 83 ton koolstof per hectare voor. Het is wel duidelijk dat de bosbodems, zelfs op de armere zandgronden, een belangrijke opslagplaats vormen voor koolstof die anders als koolstofdioxide in de lucht terecht zou zijn gekomen[23]. Dit komt omgerekend neer op 400,03 ton CO_2, de uitstoot van maar liefst 18 huishoudens!

2.5 De open plek op de Galgenberg

Ik besluit het beukenbos achter mij te laten en dezelfde weg terug te volgen naar het dennenbos. Ik vervolg deze nu echter in zuidelijke richting zodat ik in een dennenbos terechtkom waar de vegetatie vertelt dat de bodem wat schraler is dan de bossen waar ik tot nu toe ben geweest. Geen dalkruid of brede stekelvarens hier, maar struikhei (*Calluna vulgaris*) en liggend walstro (*Galium saxatile*). De vogelbevolking in het bos verraadt de aanwezigheid van een open gebiedje in de directe omgeving. In de verte is namelijk de zang van de boompieper (*Anthus trivialis*) en de geelgors (*Emberiza citrinella*), het gulden duo van de heide, duidelijk hoorbaar.

Afbeelding 6 Links Bosrekel, boven schapenzuring en onder ratelaar

En ja, al spoedig stuit ik op een strook open grasland die sierlijk tussen de bossen doorslingert, de Galgenberg op. Waar het terrein als heide wordt beheerd, door periodiek schapen te weiden en niet te maaien, is in het hele veld geen enkel struikje heide vindbaar, in tegenstelling tot het dennenbos waar her en der een plukje struikhei tussen de mossen doorkomt. In plaats van heide is het veld begroeid met gewoon struisgras (*Agrostis capillaris*), gewone braam (Rubus fruticosus*)* en schapenzuring (*Rumex acetosella*). Een overheersing van heidestruiken is hier wellicht niet mogelijk door de door stikstof verzadigde regens die vanuit het intensief bewerkte achterland hier op de heuvel botsten.

Spijtig genoeg heeft de motregen ook de lokale sprinkhaanbevolking het zwijgen opgelegd waardoor ik maar moeilijk kan achterhalen welke soorten hier leven. Gelukkig kruist een smal paadje het veld waardoor we de rustende sprinkhanen in het grasland van dichtbij kunnen bekijken. Sprinkhanen herken je het best aan hun geluid en aan de vorm van hun halsschild, en de sprinkhaan die we hier veel aantreffen, is de ratelaar (*Chorthippus biguttulus*), vernoemd naar het geluid dat hij nu dus niet maakt. Sprinkhanen zijn net als alle insecten koudbloedige dieren, dus wanneer het koud en regenachtig is, zijn ze niet voldoende opgewarmd om te kunnen bewegen. Daarom is zonlicht voor hen van groot belang om op te warmen. Een andere sprinkhaanachtige die we op dit veld vinden is de boskrekel (*Nemobius sylvestris*). Deze krekelsoort komt in Nederland enkel op de Veluwe, de Maasduinen en enkele plekjes in de Achterhoek en Twente voor, en heeft anders dan de ratelaar juist een sterke afkeer van direct zonlicht. Hij komt veelal op temperatuur doordat hij leeft in de strooisellaag van zonnige bossen[24]. 'Bos'krekel is eigenlijk een verkeerde naam voor het diertje, juist omdat hij in echte bossen volledig ontbreekt door het teveel aan schaduw en de hierdoor te koude strooisellaag. Midden op de open hei ontbreekt hij ook door de aanwezigheid van te veel zonlicht, waardoor het dier beter 'bosrandkrekel' genoemd zou kunnen worden.

3 's Heerenberger Straatweg

Ik laat het open veld voor wat het is en loop via een smalle strook bos naar de Drieheuvelenweg, de plaats waar Thijsse eens grote aantallen brede wespenorchissen (*Epipactis helleborine*) trof van ongekende hoogte onder een dubbele rij lariksen[1]. Ik zoek de berm van de weg af, maar moet al spoedig concluderen dat de orchissen zijn verdwenen, evenals de lariksen trouwens. De bossen zijn dichtgegroeid met dichte braamstruwelen en de wegberm bestaat uit talloze soorten die duiden op een erg voedselrijke bodem. Ruw beemdgras (*Poa trivialis*), kropaar (*Dactylis glomerata*) en bijvoet (*Artemisia vulgaris*) hebben de mosbegroeiing met brede wespenorchissen vervangen. Ook staan er overal jonge Robinia's (*Robinia pseudoacacia*) in de berm, die afkomstig lijken te zijn van een aantal oudere Robinia's in de directe omgeving. Wellicht hebben deze de orchissen gedood.

3.1 Stikstof

De Robinia is een uit Amerika afkomstige boomsoort die maar al te vaak wordt verward met de acacia, maar dit echter niet is[25]. Doordat de boom tot de vlinderbloemenfamilie behoort, heeft hij een uniek talent. Hij is in staat om via wortelknolletjes de stikstof uit de lucht te veranderen in stikstof dat opneembaar is voor planten. Op de wortelknolletjes leven Rhizobium-bacteriën die elementair stikstof uit de lucht (N_2), waar de lucht voor maar liefst 80% uit bestaat, kunnen veranderen in ammonium (NH_4^+), die een meststof vormt voor planten[26]. En bemesting leidt zoals algemeen bekend tot een verbeterde plantengroei. Helaas geldt dit niet voor alle planten, want de meeste, meer zeldzame plantensoorten gedeien het best op schralere bodems terwijl snelgroeiende ruigtekruiden en -grassen hoog opschieten en de schralere vegetaties geheel overgroeien.

Maar niet alleen de Robinia's kunnen worden beschuldigd, want de bossen ten oosten van de Drieheuvelenweg, waar in hun geheel geen Robinia's aanwezig zijn, hebben ook duidelijk te lijden van een wel heel hoog stikstofgehalte in de bodem. De bochtige smele die we eerder tegenkwamen op een opengekapte plek in het dennenbos, begroeit hier als enige plantensoort zo ver het oog reikt de bodem van een eikenbos. En niet in de vorm van tere grassen met een licht oranje gloed, maar dichtbijeengepakte matten die zijn platgeslagen op de bosbodem. Niets anders kan hier nog groeien, en het bos is ook uitzonderlijk stil voor een eikenbos in de zomermaanden. Een ander zorgelijk verschijnsel betreft de dode eiken die al met een dikte van een paar decimeter in het volle licht de geest hebben gegeven. Hier is een belangrijk politiek punt in de praktijk te zien: stikstofdepositie.

Zowel het voorbijrazend verkeer als het grootschalige akkerbouwgebied ten oosten van de Montferlandse bossen vormen een belangrijke bron van stikstofneerslag in dit eikenbos. 'Stikstof' – eigenlijk ammoniak (NH_3) afkomstig uit landbouwgebieden en stikstofoxiden (NO_x) afkomstig uit verkeer en industrie – leidt in het kort tot drie problemen: verzuring, vermesting en een scheve mineralenbalans in de bodem[9].

De meest logische is natuurlijk vermesting, omdat gebonden stikstof, zoals we al zagen bij de wortelknolletjes van de Robinia's een meststof vormt voor planten. Dit zorgt voor een versnelde groei van een select aantal stikstofminnende plantensoorten die vervolgens alle andere (vaak bloemrijke) vegetaties wegconcurreren en daarmee ook alle insecten die afhankelijk zijn van die andere plantensoorten en van onbegroeide bodems. Dit is de reden waarom hier alleen nog bochtige smele kan groeien.

Ook zorgen stikstofverbindingen voor verzuring van de bodem. Dit komt doordat ammoniak in de bodem wordt omgezet in ammonium als het oplost in water, wat vervolgens door micro-organismen weer wordt omgezet in salpeterzuur[27]. Verzuring leidt tot een andere bodemgesteldheid met een andere plantengroei. Hierdoor kunnen de vegetaties die nu aanwezig zijn massaal afsterven. Dit is een van de redenen waarom hier zoveel jonge, dode zomereiken staan.

Tevens zorgt verzuring voor het versneld uitspoelen van zogeheten spore-elementen en basen naar diepere bodemlagen. De opeenstapeling van een toegenomen hoeveelheid stikstof in de bodem en dus een afname aan andere belangrijke stoffen die planten nodig hebben (calcium, magnesium, kalium en ijzer), leidt tot een scheve verhouding tussen stikstof als belangrijke voedingsstof en andere stoffen. De vegetatie krijgt dus als het ware voldoende voeding binnen, maar te weinig 'vitaminen'.

Kortom: een moeilijk scheikundig verhaal. Je zou het misschien het best kunnen vergelijken met als wij elke dag alleen nog maar patat zouden eten. We gaan niet dood van de honger, maar we worden wel vatbaarder voor allerlei ziekten. En zoals alles in de natuur werkt ook dit door in het hele ecosysteem, want ongezonde planten zijn minder voedzaam waardoor er minder rupsen kunnen leven van dezelfde hoeveelheid blad, en minder rupsen leidt tot minder zangvogels, die op hun beurt weer tot minder roofvogels leiden. En op plaatsen waar wel voldoende spore-elementen in de bodem aanwezig zijn – de lagergelegen gronden waar het grondwater deze stoffen voldoende aanvoert – kan een overmaat aan stikstof juist leiden tot rupsenplagen die complete bossen kaalvreten. Daar krijgen de bomen namelijk meer voeding én voldoende 'vitaminen'waardoor de voedingswaarde van de bladeren juist stijgt.

Afbeelding 7 *Eikenbos met dikke plakkaten bochtige smele ten gevolge van stikstofdepositie*

Het stikstofprobleem is dus erg complex en lastig te begrijpen, maar het kan kort gezegd leiden tot afname van de totale hoeveelheid soorten (het verdwijnen van plantensoorten van voedselarme gronden en alle daaraan gebonden insectensoorten), afname van het aantal insecten (door een verminderde voedingswaarde van bladeren en het verdwijnen van bloeiende planten en kale bodem), afname van zangvogels en roofvogels (doordat er te weinig insecten te eten zijn), boomsterfte (doordat de bodem te zuur wordt voor bepaalde boomsoorten en doordat spore-elementen uitspoelen) en juist insectenplagen op de lager gelegen gronden (doordat hier de voedingswaarde van het blad juist toeneemt omdat grondwater voldoende spore-elementen aanvoert)[9].

Het is te hopen dat het eens zal lukken dit probleem op te lossen, want uiteraard heeft dit grote gevolgen voor het ecosysteem en de economie, die daar slechts een klein onderdeel van vormt.

Minder bloeiende planten betekent minder bestuivende insecten, en dat leidt vervolgens tot lagere opbrengsten van veel landbouwgewassen. Het gebruik van kunstmest kan op deze manier ironisch genoeg op de lange termijn juist zorgen voor hongersnood terwijl het op de korte termijn leidt tot betere opbrengsten. Weer een typisch voorbeeld van de complexiteit van het ecosysteem dat we als mens zo moeilijk kunnen inschatten.

3.2 Recreatiedruk

Niet alleen de bermbegroeiing van deze weg is in de tussentijd veranderd, ook de weg zelf. De rustige 's Heerenberger Straatweg waar Thijsse over schreef, is nu een drukke verkeersader waar permanent grote aantallen auto's langsrazen. Toen Thijsse langs deze weg de brede wespenorchissen zag, schreef hij dat er een half uur geleden een vrachtrijder was langsgekomen en dat er sindsdien geen mensellijke verschijning te bekennen was geweest, zelfs geen fietser[1]. Vandaag de dag bevinden zich tot in de verste uithoeken van de Montferland-groep grote aantallen mensen. Hardlopers, mountainbikers, ruiters, wandelaars, honden-uitlaters, het lijkt hier de Randstad wel op sommige paden. Gelukkig zijn er ook rustgebieden aangewezen waar de wilde dieren de dag door kunnen brengen. En 's nachts is het hier nog altijd net zo rustig als in 1896. Het betreden van de bossen na zonsondergang is ten strengste verboden. Gelukkig maar, want dit is het laatste dagdeel dat nog over is voor de in het wild levende dieren. De meeste zoogdieren benutten de duisternis voor hun voedseltochten om zodra de zonsopkomst nadert de rustgebieden weer op te zoeken. De meeste bosvogels en insecten trekken zich minder aan van de drukte. Het maakt voor hen niet uit welke zoogdieren de bosbodem bewandelen; het zijn geen concurrenten en ook geen potentiële roofdieren tenslotte. Of er nu mensen, paarden en honden lopen, of reeën, wilde zwijnen en vossen, het heeft geen invloed op hun dagelijkse bezigheden en vormt geen potentieel gevaar. Uiteraard zijn ook hier uitzonderingen, lees 7.2.

4   In de richting van Terborg

De zandweg door het eikenbos met bochtige smelematten voert me naar het agrarische landschap in de richting van Terborg. Thijsse schreef over grauwe klauwieren (*Lanius collurio*) in sleedoorns (*Prunus spinosa*), duizenden zingende krekels in de bermen en talloze hommels die de bloemen van de muurleeuwenbek (*Cymbalaria muralis*) bestoven die tegen de gevel van het tolhuis van Zeddam hadden gestaan[1]. Ik zal mijn weg vervolgen over landweggetjes en uitkomen bij het tolhuis waar Thijsse destijds verbleef. Het tolhuis is nu in gebruik als horecagelegenheid.

4.1   De ecologie van het maïsveld

Hoewel dit landbouwgebied een belangrijke bron van stikstofdepositie voor de bossen vormt, is ook gangbaar boerenland geen 'ecologische woestijn' zoals wel eens wordt beweerd door fervente ecologen. Ook tussen de maïs- en weilanden is een volledig ecosysteem tot ontwikkeling gekomen. De maïs staat al zo hoog dat je er moeilijk overheen kunt kijken, maar deze bloeit nog niet. Het voordeel van maïsvelden is dat er als het voldoende heeft geregend op de kale grond precies bekeken kan worden welke zoogdieren er hebben gelopen. Het blad van de maïs houdt de ergste regen tegen waardoor de sporen langer zichtbaar blijven dan in de tarwevelden.

Vanuit de bosrand ontdek ik het loopspoor van een ree. De prenten vertellen dat het dier duidelijk was opgeschrikt en het maïsveld in was gesprint. De twee losse tenen die de hoef vormen, staan namelijk licht uit elkaar, en dat duidt op een rennende ree. De ree is de meestvoorkomende hertachtige van Europa en zowel in Europa als in Nederland neemt hij nog altijd toe[28]. Van oorsprong is hij waarschijnlijk veel zeldzamer geweest dan vandaag de dag het geval is. Het is namelijk een echte bosrandbewoner die voor zijn voedsel afhankelijk is van open plekken en voor zijn rust, mede om te herkauwen, van gesloten bos. Inmiddels vinden we ze overal. In de polder zijn zelfs reeën die in hun hele leven nooit een stap zetten in het bos. Reeën zijn als enige hertensoort in Nederland afhankelijk van kwalitatief goed, eiwitrijk voedsel[29]. Hij at in het oerbos enkel de jonge uitlopers van struiken waar hij bij kon, en wanneer je nagaat dat in een natuurlijk Europees boslandschap slechts 15% van de oppervlakte uit open plekken bestaat[13] is goed te begrijpen dat reeën toen zeldzaamheden waren.

Afbeelding 8 *Prent van een rennende ree*

De ree heeft echter enorm geprofiteerd van de mens. Doordat de mens meer open plekken kapte in het oerbos om landbouw te bedrijven, en later de landbouwpercelen begrensde met een fijnmazig netwerk van houtwallen en singels om te voorkomen dat het vee wegliep, werd het gebied waar reeën konden leven steeds groter. Toen de mens ook nog eens alle natuurlijke vijanden en andere hertensoorten uitroeide, ontstond een waar reeënwalhalla.

Hoewel de dieren lang intensief zijn bejaagd, zijn ze tegenwoordig weer in bijna heel Nederland te vinden. Doordat in de moderne landbouw de kruidenrijke graslanden zijn vervangen door felgroene graslanden met eiwitrijk Engels raaigras (*Lolium perenne*), hebben reeën het hele jaar door de beschikking over grote oppervlakten met eiwit- en calciumrijk voedsel. Door het veelvuldige maaien zijn het hele jaar verse jonge uitlopers aanwezig waardoor er tegenwoordig veel meer reeën kunnen leven dan in het oorspronkelijke natuurlandschap. Ontegenzeggelijk is de moderne landbouw schadelijk voor de biodiversiteit, maar er zijn ook zeker soorten die juist profiteren van het hedendaagse, agrarische bedrijf. De ree is daar bij uitstek het voorbeeld van. Zoals eerder benoemd, doen ook dassen en veldmuizen het erg goed op de huidige graslanden. En indien de bermen en slootkanten niet al te vaak worden gemaaid en het maaisel zoveel mogelijk wordt afgevoerd, vormen zij een ecologisch lint dat bij veel insecten in trek is om zich door het agrarische landschap te verspreiden. Ook langs de Lengelseweg tref ik zo'n berm. Al van verre is te zien hoe de berm geel kleurt door het boerenwormkruid (*Tanacetum vulgare*), maar ook duizendblad (*Achillea milefolium*) staat er massaal.

Op de overgang van de berm naar het maïsveld, waar de spuitmachine van de boer blijkbaar net niet bij is gekomen, groeien een aantal typische akkerplanten. Opvallend door zijn kleine, blauwe bloemen is de gewone ereprijs (*Veronica chamaedrys*). Ook melganzenvoet (*Chenopodium album*) en opnieuw de Canadese fijnstraal begroeien de rand van de akker. Stuk voor stuk zijn deze akkersoorten eenjarige planten die juist in akkers veel voor kunnen komen doordat deze jaarlijks worden geploegd. Vakkundig worden alle meerjarige soorten opgeruimd waardoor er voor eenjarige soorten een grote oppervlakte geschikt terrein ontstaat. Veel van deze soorten zijn afkomstig van de steppes van Oost-Europa. Later in dit boek, lees 6.2, kom ik nader terug op het ecosysteem van akkers en de bijbehorende soorten, want ook veel diersoorten van de akkers zijn van oorsprong migranten vanuit de steppes.

Afbeelding 9 *Boven gewone ereprijs en onder boerenwormkruid (geel) met duizendblad (wit)*

4.2 De waarde van het wespennest

Als een geelwit nectarlint is het een ideale corridor voor bestuivende insecten. Spijtig genoeg is het weer vandaag regenachtig waardoor de koudbloedige bestuivers zich slecht laten zien. Plots valt mijn oog echter op een klein gaatje in de grond dat qua omvang lijkt op het hol van een veldmuis. Deze muis blijkt echter niet degene die dit onderaaardse huis bewoont, er blijkt een heel nest nijvere werkers in de onderaardse gang te wonen: Duitse wespen (*Vespula germanica*). Waar ik Thijsses boswespen hier niet heb aangetroffen, zijn er Duitse wespen in overvloed. Ook zij zouden wel eens wat meer respect mogen krijgen van ons mensen voor alle goede daden die ze onbewust voor ons doen. De Duitse wesp betreft namelijk één van de twee soorten die minachtend 'limonadewesp' worden genoemd. Zodra ze zich ergens vestigen, heerst al gauw het sentiment hun aanwezigheid als ongewenst te beschouwen en het nest te verwijderen, maar toch ben ik ervan overtuigd dat iedereen blij is met de goede daden die deze wesp uitvoert.

We vergeten namelijk maar al te vaak dat wespen enkel in de nazomer op onze zoetigheid afkomen, voor die tijd zijn het geduchte jagers. Eén wespennest doodt per jaar maar liefst 5000 kilo (!) insecten en andere geleedpotigen[30]. Vliegen, muggen, teken, luizen, rupsen, het verdwijnt allemaal in de magen van de wespen. En wanneer we bedenken dat er per vierkante kilometer zo'n 250 wespennes-

Afbeelding 10 *Een wespennest eet maar liefst 5000 kilo insecten in een jaar, waaronder heel wat steekmuggen*[30]

ten liggen, beseffen we ons misschien een klein beetje welk een ongekende insectenplaag er zou optreden als de wespen zouden ontbreken[30]. En het valt ook daadwerkelijk in de praktijk te merken. Afgelopen jaar had ik een wespennest naast het raam van mijn studentenkamer, en nooit ook maar last gehad van één enkele mug in huis. Nu het nest dit jaar is verdwenen, komt het met enige regelmaat voor dat zich een mug naar binnen weet te werken.

En niet alleen dat, ook hebben wespen op meerdere manieren een positieve invloed op de bestuiving van zowel landbouwgewassen als wilde planten. Allereerst vliegen ze net als bijen van bloem naar bloem. Daarnaast ruimen ze de zwakkere werkbijen op waardoor de bijenvolkeren sterk blijven, en ruimen ze kadavers van dieren op. Kadavers kunnen een belangrijke bron van ziekten vormen[30] waardoor de wespen tevens goed zijn voor de volksgezondheid. Hoe het wespennest is opgebouwd en op welke manier wespen door hun nestbouw de rijkdom van het bos naar de omliggende streken vervoeren staat beschreven in 16.8.

4.3 Krekels verdwenen waar sprinkhanen verschenen

Tijd om verder te gaan, want mij aan een wespennest vergapen, kan tenslotte altijd nog. Wat hier belangrijker is, is achterhalen in welke mate het landschap dat Thijsse hier destijds beschreef nog aanwezig is. De sleedoornhagen met hun jonge klauwieren zijn er niet meer, en ook de duizenden krekels die in de bermen gezongen hebben, zijn helaas verdwenen. Door de uitvinding van de kunstmest waren de heidevelden niet langer nodig om vee te laten grazen voor de mestproductie waardoor deze zijn ontgonnen tot landbouwgrond[31]. Door de uitvinding van het prikkeldraad zijn derhalve alle sleedoornhagen verdwenen en door de ruilverkaveling zijn alle percelen groter geworden[32]. De duizenden krekels waar Thijsse over schreef, betroffen waarschijnlijk veldkrekels (*Gryllus campestris*) omdat dit de enige inlandse krekelsoort is die in open gebieden leeft[33]. Met het verdwijnen van veel heidevelden, heischrale graslanden en heischrale bermen met veel open plekken om op te warmen, resteerde er voor deze krekel te weinig geschikt leefgebied om stand te houden in de Achterhoek, in tegenstelling tot de Veluwe en Brabant[34].

Wel zitten de bermen vol sprinkhanen, die juist lijken te profiteren van de toename aan grassen ten koste van de open plekken omdat dit hun voedsel betreft. Zo tref ik een bruine sprinkhaan (*Chorthippus brunneus*) rustend in het met regenwater doordrenkte bermgras. Ook blijken niet alle sleedoorns verdwenen, want op de kruising van de Drieheuvelenweg en de Lengelseweg bevindt zich een aantal fraaie en hoog opgeschoten sleedoornstruiken. Grauwe klauwieren schijnen nog met een tot drie paartjes voor te komen ten oosten van het Montferland[35], maar helaas heb ik ze niet gezien.

Afbeelding 11 *Waar de veldkrekels zijn verdwenen zijn nog altijd grote aantallen sprinkhanen aanwezig zoals deze Bruine sprinkhaan*

Intussen ben ik bij het oude tolhuis aangekomen. Zoeken hoef ik er helaas niet meer naar de muurleeuwenbekjes, want de gevel van het tolhuis is dermate onderhouden dat geen enkele plant het nog waagt om in de voegen te ontkiemen. De strook grasland tussen het tolhuis en de weg wordt als gazon beheerd waardoor de biodiversiteit beperkt blijft tot Engels raaigras (*Lolium perenne*) en hier een daar een madeliefje (*Bellis perennis*) en grote weegbree (*Plantago major*). Weinig ecologisch interessants is hier nog te vinden, dus besluit ik de berm van het fietspad aan de bosrand te volgen in de richting van Beek.

4.4 Ingenieus landbouwsysteem

De rode bosmieren waar Thijsse over schreef zijn hier in de berm nog altijd te vinden. Hoewel de hoop vlakbij de Dassenboomse Allée is verdwenen, ligt er op de kruising van de Montferland en Beekseweg een tweetal grote hopen. Of het de kale of de behaarde bosmier betreft, kan ik lastig zien, maar het is sowieso een rode bosmierensoort. Ondanks het regenachtige weer is de kolonie druk in de weer. Het is goed te begrijpen dat Thijsse verwonderd was door de kleine maatschappij van de mierenhoop. Iedereen heeft zijn eigen taak en al lijken de diertjes doelloos door elkaar heen te wriemelen; wanneer je tijdens een lunchpauze naast een mierenhoop vertoeft, heb je al snel in de gaten hoe georganiseerd het nest te werk gaat. Net als Thijsse dat deed, besluit ik een tijdje de mierenhoop te observeren om te kijken wat er zoal speelt.

Het eerst valt mijn oog op een bosmier die een ruwe pissebed die ruim twee keer zo groot is als zij zelf, boven haar hoofd in de richting van het nest tilt. De bosmieren eten veel soorten insecten en kleine dieren, zelfs zag ik eens een dode hagedis die in delen was geknipt die stuk voor stuk naar het nest werden gebracht. Ook tref ik hier in de praktijk aan dat de mens deze diertjes wel moet waarderen. De hoge eikenbomen langs de grote weg zitten vol met nesten van de eikenprocessierups (*Thaumethopoea processieonea*), maar het rupsennest in de eik naast de mierenhoop is wel viermaal zo klein als de nesten die verder van het mierennest hangen. Duidelijk zijn ze een welkome voedselbron voor de bosmieren. Bosmieren kunnen als ware beschermers van de bomen worden beschouwd, als wachters van het woud. Eens trof ik in Friesland – in een jaar waarin de rupsen van de grote wintervlinder de eiken in al hun volledigheid hadden ontbladerd waardoor in juni een winters bosbeeld regeerde – een kleine boomgroep met frisgroene eiken ten midden van een een bladerloos bos. Al spoedig ontdekte ik een mierenhoop te midden van de boomgroep, die schijnbaar vakkundig het rupsenbestand had gedecimeerd.

De mieren doen dit zowel omdat ze de rupsen eten, als omdat de rupsen het voedsel van hun 'vee' eten. Want het is echt waar, de bosmieren zijn veehouders. De bladeren van de bomen in de directe omgeving van het nest zijn de graasgronden waar ze hun vee weiden. Ze houden er bladluizen (*Aphidoidea spec.*), zowel voor het vlees als voor de 'melk'. Bladluizen zuigen namelijk plantensappen uit de boom op, en deze bevatten naar verhouding meer suikers dan voedingsstoffen waardoor ze het overtollige suiker uitscheiden in de vorm van honingdauw. De uitdrukking 'mierzoet' komt logischerwijs niet uit de lucht vallen, want de bosmieren zijn dol op de zoete honingdauw en zijn bereid alles voor hun luizen te doen.

Zo eten ze de voedselconcurrenten (rupsen) zodat de luizen voldoende voedsel hebben en bestrijden ze de roofdieren die de luizen eten intensief (lieveheersbeestjes). En als de winter nadert en de bomen hun blad laten vallen, wordt het vee op stal gezet in speciaal gereserveerde plaatsen in het mierennest[36]. Er valt dus in wezen te stellen dat de bosmieren doen aan veeteelt, jacht en schadebestrijding. Net zoals wij de herten en wilde zwijnen bejagen omdat ze de gewassen die we als veevoer gebruiken eten, zorgen de bosmieren dat er niet teveel rupsen in de bomen leven die het voedsel van hun luizen eten. En net zoals boeren een hekel hebben aan de wolf en hem in het verleden zelfs in ons land hebben uitgeroeid, zijn het de bosmieren die lieveheersbeestjes en andere luizeneters vakkundig opruimen. Geen insect lijkt in zijn doen en laten zoveel op de mens als de bosmier.

Afbeelding 12 *Bosmieren bestrijden de voedselconcurrenten van hun vee (Schets van J.P.T)[1]*

Het enige grote verschil is wellicht de efficiëntie waarmee mieren handelen. In vergelijking met hun goedgeoliede economie is de mens individualistisch en uit op eigen voordeel. Bij de mieren staat altijd het volk bovenaan. Als het nest wordt belaagd door een roofdier offeren zich honderden individuele burgermieren op door het roofdier aan te vallen terwijl ze dit hoogstwaarschijnlijk niet gaan overleven. Het leven van het individu is bij hen niets waard, het gaat om de duurzame instandhouding van het nest en het leefgebied als zodanig. En die enorme nestbescherming heeft ertoe geleid dat er een heel aantal diersoorten bestaat dat enkel in mierenhopen kan leven, de zogenoemde '*myrmecofielen*'[37]. Denk hierbij bijvoorbeeld aan de mierenpissebed[36]. En ook dit fenomeen is vergelijkbaar met de menselijke steden, denk aan de huismussen en gierzwaluwen die juist in onze steden voorkomen en daarbuiten nagenoeg niet aanwezig zijn[37].

4.5 De terugkeer van de vogel der doden

Na de lunchpauze bij de mierenhoop vervolg ik de weg richting Beek. Het weer begint langzaam om te slaan en al spoedig stopt de regen en breekt de zon door. Een uitzicht over uitgestrekte graanvelden te midden van grote bossen wordt fel beschenen door de jonge middagzon. Van boven het bos merk ik een opvallend geluid op. 'Kroa-kroa' is luid en duidelijk te horen en al snel verschijnen twee grote, zwarte vogels boven de bomen die dit oeroude geluid voortbrengen: raven (*Corvus corax*). De mytische vogel der doden die hier in tweevoud boven het bos cirkelt.

Bij het horen van zijn geluid en het zien van zijn silhouet is goed te bevatten dat deze vogels in de oude religie van ons land een hoog aanzien genoten. Twee raven zijn beschreven als boodschappers van oppergod Wodan: Huginn en Muninn geheten. Huginn staat voor de gedachte en Muninn voor het geheugen, zodat de raven in de avond terugkeren bij Wodan om hem te vertellen hoe het eraan toe gaat in de wereld. Ze werden hoog gerespecteerd omdat ze als ware boodschappers van het godenrijk werden gezien[38].

En hun associaties met geheugen en gedachte zijn allesbehalve onlogisch. Weinig vogelsoorten hebben een dermate ontwikkelde intelligentie als kraaiachtigen, en binnen de kraaiachtigen zijn raven weer een van de slimsten[39]. Men zegt wel dat raven even intelligent zouden zijn als chimpansees[39], maar een intelligentie vergelijkbaar of groter dan die van de mens zou me ook niet verbazen. Het testen van de dierlijke intelligentie gebeurt namelijk altijd via proefopzetten die door de mens zijn bedacht waardoor we als het ware 'gevangen' zitten in onze eigen intelligentie om de intelligentie van andere diersoorten te meten. En tevens een goede vraag om over na te denken: Wat is intelligentie precies? Zijn de veeteeltmethoden zoals we die bij de bosmieren zagen een vorm van intelligentie? En het onthouden van de grote trekroutes wat veel van onze trekvogels doen?

Behalve met intelligentie worden raven ook al sinds mensenheugenis geassocieerd met de dood. En precies de verbinding die deze vogels met de dood hebben, heeft ertoe geleid dat Thijsse in zijn tijd waarschijnlijk geen raven heeft gezien in de Montferlandse bossen. Rond 1900 was de vogel uiterst zeldzaam en in 1944 stierf hij zelfs helemaal uit in Nederland[40]. Na herintroductie in 1976 groeide hun aantal weer tot een ruime 150 broedparen die met name in de grotere bosgebieden op de hogere zandgronden tot broeden komen[40].

Afbeelding 13 *Raaf op het kadaver van een haas*

Het verdwijnen van de raaf van de Nederlandse bodem kon voornamelijk worden gelinkt aan grootschalige vervolging. Met de kerstening van ons land verdween de goddelijke status van de raaf, en vanwege de link met het heidendom en het feit dat men deze zwarte vogels voornamelijk zag als er doden waren gevallen, was het maatschappelijk geaccepteerd raven evenals kraaien te doden[41].

Deze vervolging was echter niet de enige reden dat de raaf verdween. Toen Thijsse in 1896 de bossen van het Montferland betrad, was het haast onmogelijk om kadavers van (middel)grote dieren te vinden. Deze werden evenals het dode hout overal opgeruimd, en tot op de dag van vandaag mogen kadavers van met name grotere dieren zoals runderen en paarden die wettelijk 'vee' betreffen, niet blijven liggen om opgenomen te worden in het systeem[42]. Gelukkig geldt dit niet meer voor in het wild levende dieren en worden aangereden dieren ook steeds vaker teruggelegd op afgelegen plaatsen in bosgebieden[42]. Want niet alleen de raaf heeft dode dieren nodig om van te leven, er zijn maar liefst 96 soorten vogels en zoogdieren die gebruik maken van kadavers en meer dan duizend soorten insecten die in meer of mindere mate afhankelijk zijn van kadavers[43].

5 Het pompstation: Aankomst

Intussen zie ik dat een klein zandweggetje zuidwaarts richting het bos voert. Het paadje vormt de grens tussen een graanveld en een halfopen bremveld (*Cytisus scoparius*) dat geel kleurt van het Jacobskruiskruid (*Jacobaea vulgaris*). De zang van grote aantallen geelgorzen (*Emberiza citrinella*) en grasmussen (*Sylvia communis*) vervult de dampende lucht waar de pas doorgebroken zon de verse regen van de morgen doet verdampen. Bremstruiken zoals hier op het halfopen veld vormen een geschikt biotoop voor de grasmus. Dit zegt wellicht iets over de openheid van het door Thijsse beschreven twaalfjarig dennenbos op de Galgenberg. Over dit bremveld zal ik later, lees 7.1, uitvoeriger schrijven; mijn weg voert nu naar een plaats waar volgens kaartmateriaal vanaf 1977 een pompstation zou hebben gelegen[44].

Thijsse schreef uitgebreid over een pompstation aan de voet van de Galgenberg, maar de exacte locatie van deze plaats is niet dermate uitvoerig beschreven dat ik deze zonder meer kan terugvinden. Vermoedelijk is het dezelfde locatie als het pompstation uit de jaren 70. Doordat er in het gehele Montferlandse stuwwalbos amper open water te vinden is, zou deze plek een geliefde plaats zijn geweest van alle in het Montferland levende diersoorten, die tenslotte allemaal moeten drinken. Begrijpelijk is dan ook dat Thijsse vaak was te vinden op deze locatie. Een hele lijst met waargenomen soorten stelde hij op. Van geen andere plaats was zijn waarnemingenlijst zo compleet als hier. Evenals Thijsse zal ik hier ook vaker terugkeren. Bij de plas die bij het pompstation zou hebben gelegen, trof hij de volgende soorten aan[1]:

Afbeelding 14 *Van boven naar beneden:
Hazenpootje, zandblauwtje, steenanjer,
duizendguldenkruid en grote tijm*

» Blauwtjes (*Lycaenidae spec.*)
» Bosbeekjuffers (*Caleopteryx virgo*)
» Citroenvlinders (*Gonepteryx rhamni*)
» Gekraagde roodstaarten (*Phoenicurus phoenicurus*)
» Glanskoppen (*Poecile palustris*) (Thijsse noemde ze zwartkopmezen)
» Een groene specht (*Picus viridis*)
» Grote rupsendoders (*Ammophila sabulosa*)
» Talloze soorten hommels en bijen
» Jonge grasmussen (*Sylvia communis*)
» Koninginnepages (*Papilio machaon*)
» Kuifmezen (*Lophophanes cristatus*)
» Roodborsten met jongen (*Erithacus rubecula*)
» Snuittordoders (*Cerceris arenaria*)
» Spinnendoders (*Pompilidae spec.*)
» Een (Vlaamse) gaai (*Garrulus glandarius*)

Aan mij de schone taak om te achterhalen in welke mate al deze soorten nog in de regio gevonden kunnen worden, en wellicht kan ik de lijst aanvullen met nieuwe soorten die Thijsse destijds niet heeft beschreven.

5.1 Zeldzame begroeiing op leembodem

Op mijn weg naar het pompstation tref ik een wel heel zeldzame vegetatie. Ten zuiden van het bremveld gaat de zandweg over in een grindweg waar een zeer bloemrijke pioniersvegetatie aanwezig is. Anders dan op grote delen van de stuwwal het geval is, bevindt zich hier een meer lemige bodem[45]. Als de bodem leemarm zou zijn geweest, bevond zich hier waarschijnlijk een soort heidevegetatie, maar juist door het zwak lemige karakter met hier en daar wat grind, is het hier net iets natter en voedselrijker dan op heidevelden het geval is.

Het resultaat is een prachtig ontwikkelde stroomdal – achtige vegetatie verwant aan de associatie van schapengras en tijm[12] met langs het grindpad soorten als hazenpootje (*Trifolium arvense*) en zandblauwtje (*Jasione montana*). Even van het pad verwijderd heb ik zelfs het geluk om een aantal zeer zeldzame planten te vinden zoals de steenanjer (*Dianthus deltoides*), het duizendguldenkruid (*Centaurium erythraea*) en de grote tijm (*Thymus pulegioides*). Doordat deze vegetatie kruidenrijk en laagblijvend is met veel open ruimte tussen de planten, is deze ideaal voor een rijk arsenaal aan insecten.

Afbeelding 15 *Grote rupsendoder*

En warempel, op een pol grote tijm in de berm zit een grote rupsendoder (*Ammophila sabulosa*), een van de sluipwespen die Thijsse hier ook heeft waargenomen. Zijn naam dankt hij aan het feit dat hij zijn eitjes legt in met een steek verlamde rupsen, die hij tot over een afstand van soms wel dertig meter lopend naar zijn ondergrondse nest brengt[46]. Op veel plaatsen vormt de vegetatie door stikstofvermesting, zoals we hebben gezien in het eikenbos richting Terborg, dichte matten waar ze moeilijk doorheen kunnen lopen, maar gelukkig zijn er nog altijd plaatsen als deze te vinden. En het zijn heus niet alleen de rupsendoders die daarvan profiteren. Een heel leger aan glanzende houtmieren (*Lasius fuliginosus*) loopt over de lage mosvegetatie. Ik weet vrijwel zeker dat hier ook blauwvleugelsprinkhanen (*Oedipoda caerulescens*) voor moeten komen. Juist dergelijke begroeiingen zijn erg waardevol voor deze prachtige sprinkhaan. De zon is echter pas net doorgebroken, dus als ze hier al zitten, dan zijn ze nu niet voldoende opgewarmd om hun helderblauwe vleugels te laten zien. Ik zal hier dan ook zeker nog terugkomen op een dag met warmer weer (lees 17.1).

Aan de horizon ligt een gestorven fijnsparrenbos. De droogte van de afgelopen jaren maakte het deze spar, die eigenlijk in de altijd natte wouden van de hooggebergten van Midden-Europa thuishoort, nagenoeg onmogelijk om voldoende hars te produceren om parasieten buiten de deur te houden. Letterzetters en bastkevers zijn dan ook bezig de fijnspar massaal op te ruimen in deze regionen[47]. Gelukkig voor Nederland komen, anders dan in Duitsland, monocultures van fijnspar erg weinig voor en zijn de meeste bossen gemengd[15]. Compleet dode bossen zoals we in Duitsland kunnen aantreffen liggen er dan ook niet in het Montferland. Later in dit boek, lees 16.6, zal echter wel een deel van het gebied worden bezocht waar de sparrensterfte een grotere stempel op de ecologie van het terrein drukt. Vanuit de dode bosrand zingen de boompieper (*Anthus trivialis*) die we op de Galgenberg al zagen, en de boomleeuwerik (*Lullula arborea*). Beide vogels doen zich maar al te graag tegoed aan de grote aantallen insecten die op de kruidenrijke schrale vegetaties afkomen.

5.2 De zoektocht naar het pompstation

Eenmaal in het bos aangekomen sla ik rechtsaf naar de plaats waar het pompstation zou hebben gelegen. Nergens is hier nog een spoor van te vinden, maar wel vind ik een langgerekt meertje aan de linkerkant van het pad. Er staat een bordje naast waar de bezoeker vriendelijk wordt verzocht om honden niet in het water te laten zwemmen omdat dit de enige plaats zou zijn waar de bosvogels en zoogdieren kunnen drinken. Ik dacht aan het verhaal van

Thijsses pomp, die tevens zo'n plek vormde. Of het exact dezelfde plek is, ik weet het niet, maar een vergelijkbare plek is het zeker.

Op de oever van het ven besluit ik even pauze te houden en wat te drinken. Het opvallend heldere water blijkt een thuis te zijn van vele honderden donderkopjes en in de diepere delen zijn grote scholen driedoornige stekelbaars (*Gasterosteus aculeatus*) te ontwaren. Het heldere water vertelt dat deze plaats wel een bron moet zijn. Het water is gezuiverd door de omliggende, beboste heuvels en vloeit via ondergrondse stromen het ven in. Op het wateroppervlak zie ik een opvallende wants, de poelschaatsenrijder (*Gerris lacustris*), die het aas eet van insecten die een ongelukkige landing hebben gemaakt op het wateroppervlak. Maar de overvloedige regens van vanmorgen wisten te voorkomen dat vogels vanuit het gehele bos hierheen komen om te drinken. Overal op de paden liggen tenslotte plassen met vers regenwater waardoor de noodzaak om hier te komen drinken niet hoog is. Toen Thijsse hier liep, schreef hij over de hitte en de droogte, over trillende luchten boven het donkere dennenbos[1], maar na twee jaar van extreme droogte en het droogste voorjaar ooit, regent het nu al vele weken veel waardoor het voor mij weinig zin heeft nog langer bij het ven te vertoeven in de hoop drinkende bosvogels te zien te krijgen.

5.3   Het distelveld

Maar zoals Thijsse in zijn tijd het water vond door een vogel, zo vind ik een andere unieke plaats door een vlinder: een atalanta (*Vanessa atalanta*). Vlakbij het water ligt een reptielencorridor, kortgezegd een open strook schraal grasland die door het bos slingert en uitkomt bij een uitkijktoren. En juist onder die uitkijktoren en een hoge lindeboom (*Tilia spec.*) ligt deze bijzondere plaats, een veld vol akkerdistels (*Cirsium arvense*) op de plaats waar de reptielencorridor het bremveld ontmoet. En alhoewel dit veld slechts een klein twintigtal vierkante meters groot is, bevinden zich hier wolken vlinders van een ongekende omvang. In slechts één minuut tijd ontwaar ik een zevental dagvlindersooren die zich tegoed doen aan de zoete nectar van de distels. Het distelveld is bovendien voorzien van een rijke kakofonie aan sprinkhaangeluiden. En niet alleen de kleine veldsprinkhanen die we al eerder zagen, maar ook grotere soorten bevinden zich hier. Om maar te zwijgen over de hommels en bijen die in groten getale rondzoemen langs de toppen van de akkerdistels.

In slechts die paar minuten lukt het mij hier een twintigtal insectensoorten op naam te brengen:

1. Aardhommel (*Bombus terrestris*)
2. Atalanta (*Vanessa atalanta*)
3. Blinde bij (*Eristalis tenax*)
4. Boomblauwtje (*Celastrina argiolus*)
5. Bruin zandoogje (*Maniola jurtina*)
6. Dagpauwoog (*Aglais io*)
7. Gouden tor (*Cetonia aurata*)
8. Greppelsprinkhaan (*Metrioptera roeselii*)
9. Groot dikkopje (*Ochlodes sylvanus*)
10. Groot koolwitje (*Pieris brassicae*)
11. Grote groene sabelsprinkhaan (*Tettigonia viridissima*)
12. Grote veldhommel (*Bombus magnus*)
13. Honingbij (*Apis mellifera*)
14. Kleine rode weekschildkever (*Rhagonycha fulva*)
15. Krasser (*Pseudochortippus parallelus*)
16. Oranje zandoogje (*Pyronia tithonus*)
17. Ratelaar (*Chorthippus biguttulus*)
18. Grote snuittordoder (*Cerceris arenaria*)
19. Steenhommel (*Bombus lapidarius*)
20. Steenrode heidelibel (*Sympetrum vulgatum*)

Zo kan ik een heel aantal soorten wegstrepen die Thijsse ook bij het pompstation heeft gezien. En in wezen werkt 'mijn' distelveld op dezelfde manier als 'zijn' waterpomp. Het biedt een schaarse, maar essentiele stof aan die in de directe omgeving moeilijk of in mindere mate voorhanden is. In de omgeving van het distelveld is geen nectar in die mate aanwezig waardoor insecten uit de hele corridor en aansluitende graanvelden deze unieke plaats verkiezen om te drinken. Dit is ook zeer zeker een plaats waar ik snel terug zou komen, want als geen andere plek biedt het distelveld de kans grote aantallen diersoorten waar te nemen op een relatief klein oppervlak.

Afbeelding 16 Insecten in het distelveld

5.4 Het belang van bosbermen

Nu eerst maar eens terug naar de fiets; deze staat nog bij een van de open plekken met plantkokers aan de andere kant van de Galgenberg. Op mijn route daarheen besluit ik de bermen eens nader te bekijken, want juist in deze bermen vinden we een totaal andere flora dan in het bos zelf. Een mengelmoes van flora van voedselrijke gronden, betreding en zelfs soorten die vrijwel alleen maar in de bermen van paden en wildwissels groeien. Dat planten beter en hoger groeien langs bospaden dan in het bos zelf heeft meerdere oorzaken.

Allereerst natuurlijk de meest logische; langs een breed bospad valt meer licht dan in het donkere bos. Verder geldt dat doordat men op de paden loopt de bodem er dichter is waardoor water oppervlakkig afspoelt naar de bermen. Ook wordt de grond regelmatig losgemaakt als er grotere houtoogstmachines rijden, maar ook mensen en paarden trappen natuurlijk de grond los. En het losmaken van de grond verhoogt, zij het tijdelijk, de voedselrijkdom van de bodem. Het is natuurlijk niet voor niets dat we onze akkers al sinds mensenheugenis omploegen[48]. Tot slot wordt er op de grotere bospaden met enige regelmaat grond opgebracht met een voedselrijker karakter dan de bosbodem zelf. Het resultaat is de unieke begroeiing van bosbermen, een ecosysteem op zichzelf.

Een van de meest opvallende bermplanten is wellicht de gewone klit (*Arctium minus*). Deze soort heeft zijn zaden zo aangepast dat hij alleen kan voorkomen langs bospaden, zij het van de mens of de paden van andere grotere zoogdieren zoals runderen en reeën. Zijn zaden werken namelijk als klittenband en blijven haken in de vacht van dieren of de kleding van mensen. Hoewel, eigenlijk werkt klittenband als klitzaden, want de uitvinder van het klittenband vond zijn inspiratie in het zaadverspreidingsmechanisme van deze unieke plant[49]. Ook het geel nagelkruid (*Geum urbanum*) verspreidt zijn zaden op vergelijkbare wijze.

Hoewel deze soorten met paarse en lichtgele bloemen de berm al een redelijk bloemenrijk karakter gaven, is het de valse salie (*Teucrium scorodonia*) die in deze regio de bosbermen heeft veranderd in een zoemend lint van hommels en bijen. Grote veld-hommels en akkerhommels zijn alom vertegenwoordigd en ook aardhommels komen veel voor. Ook braamstruiken, een soort die dan juist weer erg goed reageert op veel stikstof in de bodem, trekken een grote diversiteit aan insectensoorten aan. Op de aren van het reuzenzwenkgras (*Schedonorus giganteus*) zit een klein geaderd witje (*Pieris napi*) te zonnen. Anders dan het groot en klein koolwitje zijn de vleugeladeren bij deze vlinder goed te zien als hij zijn vleugels heeft gesloten. Voor veel vlinders en andere vliegende insecten zijn de bosbermen belangrijk als verbindend lint van de ene open plek naar de andere. De donkere bossen zijn lastig te doorkruisen voor deze koudbloedige dieren, maar juist deze lijnvormige, bloeiende ruigten betreffen een heuse snelweg met bijbehorende wegrestaurants. Her en der komt de zon name-lijk wat meer door waardoor er een hoger braamstruweel groeit, of de hoge bloemen van het vingerhoedskruid (*Digitalis purpurea*) of de akkerdistel (*Cirsium arvense*).

Naar mijn idee zouden dit soort verbindingen beter benut moeten worden in het natuurbeheer. Iedereen spreekt over het belang van het verbinden van natuurgebieden, maar ook het verbinden van kleine biotopen binnen natuurgebieden is belangrijk. Wat maakt het een klein geaderd witje uit of hij een berm door hoge maïsvelden of door een bos volgt om van het ene naar het andere gebied te migreren? Het gaat hem erom dat de gebieden buiten de berm voor hem geen geschikt leefgebied vormen en de berm zelf wel. 'Natuur' is nogal een breed begrip, een door mensen bedacht begrip waar andere soorten maling aan hebben. Als een gebied geschikt voor ze is, zullen ze proberen deze te bereiken en als deze ongeschikt is zullen ze deze mijden.

Maar uiteraard, zoals zo vaak in het natuurbeheer, leidt het ver-binden van biotopen tot een groot dilemma. Precies dit geldt ook voor de reptielencorridor. Om deze aan te leggen is een strook bos opengekapt om de open plekjes met elkaar te verbinden zodat de zonminnende reptielen zich beter kunnen verspreiden door het gebied. Maar waar zandhagedis en hazelworm hier een sterk voordeel van ondervinden, zijn het juist de bossoorten die het nakijken hebben. Want door de open strook zijn de bossen op hun beurt van elkaar gescheiden waardoor eekhoorns en boommarters juist een minder goed verbonden gebied treffen. Het verbinden van de biotoop voor de ene soort leidt tot het opknippen van de biotoop voor de andere.

Afbeelding 17 *Soorten uit de bosberm*

6 De akkers tussen Zeddam en Beek

6.1 Agrarisch natuurbeheer

Afbeelding 18 *Veel lokale boeren zaaien de randen*
van hun akkers in met talloze bloemen

Nu ik intussen bij mijn fiets ben aangekomen, besluit ik de akkers tussen Zeddam en Beek eens te bezoeken. Veel van deze akkers zijn in beheer als natuurgebied. Toen Thijsse hier destijds kwam, bestonden er nog geen 'natuurakkers'. Natuurbeheer in agrarisch gebied bestond niet en was ook volstrekt onnodig. De grote rogge-akkers die Thijsse beschreef, werden dermate extensief bewerkt dat de bloemenweelde die hierbij hoort overal aanwezig was. Thijsse schreef over ploegen met bespanning die door paarden werden voortgetrokken over de stoppelvelden en over knersende krekels in witgele roggevelden en ontelbare hommels en bijen die boven diezelfde velden zoemden[1]. Nu vinden we in landbouwkundig bewerkte akkers, zoals we eerder al zagen in de richting van Terborg, enkel in de bermen soms nog wat terug van de typische akkerflora met zijn bestuivende insecten.

Zoals eerder beschreven, vormen gangbare akkers voor een aantal soorten wel degelijk een belangrijk leefgebied, toch zijn het de natuurakkers die voor de grootste hoeveelheid typische akkersoorten van belang zijn. En niet alleen natuurbeheerders leveren dergelijke natuurakkers op, ook lokale agrariers doen mee door de randen van hun akkers in te zaaien met oude gewassen en akkerbloemen en deze niet langer bespuiten. Zoals overal op grote borden is beschreven, zijn de akkerranden ingezaaid met soorten als boekweit (*Fagopyrum esculentum*), luzerne (*Medicago sativa*), groot kaasjeskruid (*Malva sylvestris*), zonnebloem (*Helianthus annuus*) en phacelia (*Phacelia tanacetifolia*) zodat, als kroon op het akker-ecosysteem in deze regio, de patrijs (*Perdix perdix*) in het gebied kan broeden. Als de patrijs succesvol broedt, is het complete systeem gezond. De jonge patrijzen zijn namelijk afhankelijk van de insecten uit de akkers en de volwassen patrijzen eten de plantenzaden. Het vóórkomen van de patrijs duidt dus op voldoende insectenrijkdom en voldoende grootzadige planten die goed zijn bestoven.

Maar zeker niet alleen de patrijs komt veelvuldig voor in de rijkbloeiende akkerranden. Zo tref ik heuse wolken huismussen (*Passer domesticus*) die zich tegoed doen aan de zaden van de melganzenvoet die grote delen van de akkerrand begroeit. Het grootste deel van de akkerranden bestaat echter uit de beschreven ingezaaide soorten. Deze soorten komen alleen van oorsprong niet allemaal voor in Nederlandse akkers. Er is dan ook steeds meer weerstand tegen het inzaaien van zogenoemde 'carnavalsmengsels' als deze omdat ze de biodiversiteit niet zouden helpen[50]. Ook hier zitten natuurlijk grote nuances in. Zo zijn akkerranden met uitheemse bloemen nog altijd beter dan enkel maïs zonder bloeiende planten. Maar inderdaad, onze wilde bijen hebben bijster weinig aan uitheemse bloemen en onze vlinders kunnen er wellicht wat nectar halen, maar eitjes worden alleen afgezet op inheemse planten. Deze begroeiingen zijn echter wel erg waardevol voor hommels en honingbijen omdat deze niet specifiek een of enkele planten gebruiken om van te eten. En doordat ze dus wel worden bestoven bieden de zaden ook wel degelijk voedsel aan inheemse, zaadetende vogelsoorten zoals de huismus en de patrijs.

6.2 De Nederlandse steppe

Maar ook de wilde bijen en andere soortspecifieke diersoorten hebben beslist niet te klagen over de Montferlandse akkers, want een groot aantal velden dat in beheer is bij Natuurmonumenten is begroeid met akkerkruiden die van oorsprong wél in Nederland gevonden kunnen worden. De akkers naast de camping zijn begroeid met een rijkdom aan akkerkruiden zoals korenbloem (*Centaurea cyanus*), knopherik (*Raphanus raphanistrum*), grote klaproos (*Papaver rhoeas*), bleke klaproos (*Papaver dubium*), gele ganzenbloem (*Glebionis segetum*), reukloze kamille (*Tripleurospermum maritimum*) en echte kamille (*Matricaria chamomilla*). Waar ik in de akkerrand grote groepen huismussen aantref, bevinden zich naast het Peeske juist putters (*Carduelis carduelis*) en geelgorzen (*Emberiza citrinella)* die de zaden van het graan eten. Ook voor deze soorten geldt echter, zowel voor de vogels als de bloemen, dat 'oorspronkelijk' eigenlijk geen juiste aanduiding is. Van nature bestaat er in Nederland geen vergelijkbaar ecosysteem als de akkers van vandaag de dag. Veel soorten die op akkers voorkomen, komen van oorsprong uit de Oost-Europese steppegebieden[51]. En dat geldt niet alleen voor de flora; ook de fauna van de akkers is voor een groot deel afkomstig uit de steppen. Ze zijn meegereisd met de oprukkende mens die de dichtbeboste binnenlanden van Europa geleidelijk openkapte waardoor het ecosysteem van kunstmatige steppen zich uitbreidde over het gehele continent.

7 Het pompstation: Avondbezoek

7.1 Parkachtig landschap

Die avond bezoek ik opnieuw de locatie van het oude pompstation en het distelveld. Op mijn weg daar naartoe kom ik weer langs het bremveld, en zoals beloofd zal ik hier nog uitvoeriger over schrijven. Op het veld graast een klein aantal brandrode runderen, en er wordt hier niet gemaaid. Het resultaat is dat de natuur er langzaam bouwt aan een nieuw bos, maar niet zo snel als op een open plek waar geen grazende dieren lopen. Opvallend is dat, om de een of andere reden, bepaald niet alle struiken op het veld in trek zijn bij de runderen. Hetzij omdat ze doornen of stekels dragen, zoals de braamstruiken en sleedoornstruiken, hetzij omdat ze vies smaken, zoals de brem. Hier ontwikkelt zich op termijn een zogenoemd parkachtig landschap, bestaande uit bomen, struwelen, grazige vegetaties en open grond. Frans Vera, de ontwerper van de omstreden Oostvaardersplassen, ontwikkelde een interessante theorie over de landschapsontwikkeling onder invloed van grazende dieren. Hij stelt dat er van oorsprong in Nederland en zelfs in heel Noordwest-Europa nooit een gesloten oerbos heeft gelegen, maar dat het een half-open landschap moet zijn geweest met grote aantallen grazers die dit in stand hielden[52].

Volgens deze theorie zijn grote grazers zoals oerrunderen en bostarpans (wilde paarden) samen met doornstruiken en de gaai de ware vormers van het landschap. Dit werkt als volgt: op een open gebied lopen grote aantallen grazers. Dit resulteert erin dat alleen de planten die ze echt niet lusten, bijvoorbeeld omdat ze doorns of stekels hebben, de kans hebben om hoger te groeien. De gaai, die voor zijn wintervoorraad vele duizenden eikels begraaft en vervolgens ook een aantal 'vergeet' (of bewust laat uitgroeien tot boom, dat is niet te bewijzen), begraaft deze eikels op plekken waar hij ze het makkelijkst kan onthouden. Hij zoekt herkenningspunten in het landschap, en laat dat nu net de bramen, sleedoorns en meidoorns zijn. Het resultaat is dat de eiken ontkiemen in de stekelstruiken waardoor de grazers ze niet eten. Uiteindelijk groeit de boom boven de struik uit en doodt door zijn schaduwwerking de struik. Als de boom vervolgens van ouderdom sterft, verwordt deze locatie weer tot een open plek en begint de hele cyclus weer opnieuw. Dit kan plaatsvinden in één enkele struik met één enkele boom, maar ook in de vorm van struwelen en bosjes[52].

Er valt echter wel het een en ander aan te merken op zijn theorie. Wanneer we naar fossiele pollen uit natte plaatsen in het landschap kijken, blijkt dat er voordat de mens het bos begon te kappen voor de landbouw amper grassen en weegbree aanwezig zijn geweest in Nederland. En juist deze planten komen veel voor in een parkachtig landschap[53]. Ook archeologische vondsten van oerbossen die verspreid door het land zijn gedaan[54], zijn in tegenspraak met de theorie dat het gesloten oerbos nooit zou hebben bestaan. Ook wordt er in de theorie van Vera geen rekening gehouden met regulering van de begrazingsdruk. In het natuurlijke landschap van West-Europa kwamen ook roofdieren als beren, wolven en lynxen voor, wat er ongetwijfeld voor heeft gezorgd dat grazers minder tijd besteedden aan eten en meer tijd aan opletten. Wellicht kwam het parkachtige landschap van Frans Vera zeer lokaal voor en bestond het overige land uit gesloten oerbossen. Het blijft gissen hoe het oerboslandschap er exact uitzag, wat we wel met zekerheid kunnen stellen is dat het ecosysteem complexer werkt dan we ooit zullen kunnen bevatten en dat we geen intacte referentiegebieden meer hebben waar alle in Europa inheemse grazers en roofdieren nog naast elkaar voorkomen, simpelweg omdat een deel van hen is uitgestorven.

7.2 Schuwe bosvogels

Het is me natuurlijk te doen om de uitkijktoren, dus fiets ik door naar deze locatie. Zodra de avond valt, komt het bos pas werkelijk tot leven. De schuwe dieren verschijnen vaak pas zodra de mens zich heeft teruggetrokken in de dorpen en steden, en juist voor dit boek heb ik deze uren wel degelijk nodig om een meer compleet beeld van het bos te geven. De borden rond het bos vertelden echter luid en duidelijk dat het niet is toegestaan om het bos na zonsondergang te betreden, dus besluit ik de schemering te benutten voor mijn waarnemingen en voor de zon daadwerkelijk ondergaat, zal ik terug zijn op de camping, ook uit respect voor de laatste uren die nog aan de dieren zijn gegund in het drukbezochte Montferland.

Waar Thijsse nog schreef over nachtzwaluwen, heb ik er geen enkele meer gehoord in het gehele Montferland. Wel zag ik de specht die Thijsse ook op deze plek heeft gezien: de groene specht (*Picus viridis*). Thijsse dichtte lyrisch over het prachtige kleurenspel wat zichtbaar was als deze specht opvloog. Ook wist hij poëtisch te bezingen hoe een fietser die voorbijkwam onderuitging bij het zien van de specht. Op humoristische wijze schreef hij over een 'neertuimelende bicyclist' die dermate werd afgeleid door de schoonheid van de specht dat de weg aan hem ontging[1]. En het is ook werkelijk waar dat de groene specht de meest kleurrijke specht van ons land is.

In veel Nederlandse bossen, waaronder die van het Montferland,leeft vandaag de dag echter nog een grotere specht die in Thijsses tijd nog niet voorkwam in Nederland. Het is zelfs de grootste specht van Europa en zijn zang is even mooi als de kleur van de groene specht. Alleen is deze specht zo schuw dat weinigen hem ooit zullen zien of horen. De zwarte specht (*Dryocopus martius*), het dier dat zo groot is als een flinke kraai, weet zich meesterlijk schuil te houden. Kundig draait hij om de boomstammen om uit het zicht te blijven.

Maar de invallende duisternis blijkt de aankondiging om zijn oeroud geluid te laten weerklinken vanuit het rustgebied achter de plas. Er is een aantal geluiden dat de ziel van het oerwoud nog in zich draagt, en daar is de schreeuw van de zwarte specht een van. Het gehuil van wolven en vossen in de avondschemer, de dodenkrijs van kerkuilen en het klassieke geluid van de bosuil op een maanheldere winternacht zijn tevens van die geluiden. Bij het horen van deze geluiden zullen velen een vorm van angst en intiem respect voelen voor het duistere woud. Alsof we te horen krijgen dat het tijd is om terug te gaan naar de bewoonde wereld.

De zwarte specht keerde ook pas in 1913 terug naar ons land omdat er daarvoor geen oude bossen met voldoende dood hout waren[55]. Doordat de zwarte specht houtmieren eet zoals de glanzende houtmier die ik eerder beschreef, is zijn aanwezigheid direct te linken aan boomstobben en dode bomen. Zijn nest kan hij echter ook uithakken in levende bomen, als deze maar voldoende dik en oud zijn. De link met dood hout heeft ertoe geleid dat hij vroeger werd vervolgd omdat zijn zwarte verschijning de dood van het bos zou inluiden. Het was echter andersom, wanneer de zwarte specht verscheen, betekende dit dat er veel dood hout in het bos aanwezig was. Ook het feit dat hij oude, dikke bomen beschadigde door er nestholen in uit te hakken viel bij veel bosbouwers niet goed[56]. Dan is er tijdenlang moeite gestoken in mooie, oude bomen met een takvrije stam, hakt de specht halverwege een nesthol uit waardoor de boom onverkoopbaar is.

Afbeelding 19 *Zwarte specht*

Maar de ecologische waarde van de zwarte specht is misschien wel veel meer waard dan rechte staken. Gelukkig is de zwarte specht nu dan ook Europees beschermd en zijn er zelfs meerdere Natura 2000-gebieden voor hem aangewezen[57]. De zwarte specht is dan ook zowel een indicatorsoort als een sleutelsoort in bosgebieden. Met andere woorden, zijn aanwezigheid zegt iets over de staat van het gebied en leidt tevens tot een hogere soortenrijkdom. Wanneer de zwarte specht ergens tot broeden komt, dienen er namelijk zowel dikke bomen aanwezig te zijn voor een nest, als kapvlakten met stobben of jonge naaldbossen met veel dood hout, het leefgebied van de houtmieren. De zwarte specht zegt dus dat het boslandschap erg divers en gevarieerd is en dat er zowel oude als jonge bostypen door elkaar voorkomen. En doordat hij nestholen uithakt in dikke bomen, levert hij woningen aan andere bosbewoners. Zo heb ik gedurende de jaren gezien dat bosuilen (*Strix aluco*), holenduiven (*Columba oenas*) en boommarters (*Martes martes*) de oude nestholen van de zwarte specht als nestplaats gebruiken. Als de zwarte specht niet in het gebied voorkomt, duurt het veel langer voordat er holtes ontstaan van een formaat dat geschikt is voor deze grotere holenbewoners.

Ik besluit nog een korte ronde langs het rustgebied te wandelen in de hoop nog meer nachtelijk wild tegen te komen. In de schemering glinstert er iets helder oranjes vanaf een boomstobbe. Het blijkt de kleverige koraalzwam (*Calocera viscosa*) te zijn. Dit is de vrucht van een schimmel die in vermolmd naaldhout voorkomt. Ook deze zwam zal Thijsse waarschijnlijk niet hebben kunnen zien omdat al het dode hout zo veel mogelijk werd opgeruimd. Nog steeds hoor ik de zwarte specht roepen op de achtergrond. De vogel krijgt al spoedig antwoord van nog een zwarte specht. Deze huist in een gestorven fijnsparrenbos ten zuidoosten van het rustgebied.

7.3 Avondschemer

De sfeer van de intredende avond is onbeschrijfelijk mooi. Thijsse schreef dat hij op een avond in de Montferlandse bossen glimwormen heeft aangetroffen, een kevertje dat in de nachtelijke uren geelgroen licht geeft. Hoewel ik deze prachtige kever niet heb gezien, komt hij nog altijd wel voor in het Montferland[58].

Ik steek een paadje over dat de reptielencorridor doorkruist. Ik loop het bos aan de overkant in en tref de poep van de boommarter (*Martes martes*) op een met mos begroeide tak. Ook dit schuwe roofdier komt schijnbaar voor in dit uitgestrekte bosgebied. Ik besluit het paadje uit te lopen en vervolgens langzaamaan mijn fiets weer op te zoeken zodat ik voor zonsondergang op de camping terug kan zijn.

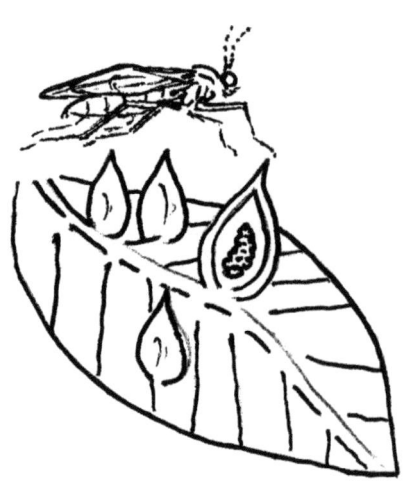

Afbeelding 20 *Beukengalmug*

Onderweg valt mij echter een beuk op waarvan een groot deel van het blad is bedekt met vreemde ovale uitstulpingen. De geelrode bolletjes die vanuit de bladnerven oprijzen, blijken het werk te zijn van de beukengalmug (*Mikiola fagi*). Deze voor Nederlandse begrippen grote galmug heeft evenals alle galmuggen en galwespen een unieke levenswijze. Wanneer zij in het vroege voorjaar uit haar pop kruipt, zoekt ze naar beukenknoppen die nog net niet zijn uitgelopen om er eitjes in te leggen. Als een soort schrikreactie vormt de beuk gallen om de eitjes heen. Zodra de eitjes uitkomen, eten de larven deze gallen van binnenuit op gedurende het groeiseizoen om vervolgens in de herfst, als de beuk zijn blad laat vallen, weer te verpoppen. In de herfst laten de gallen los van het blad zodat er in de vroege lente weer een nieuwe generatie galmuggen ontpopt[59]. Ieder minuscuul biotoopje wordt in een bosgebied benut door bepaalde soorten. Dat zelfs binnenin de nerven van een beukenblaadje een complete soort kan leven geeft maar weer eens aan hoe ongekend rijk het bossysteem is.

Afbeelding 21 *Merel (boven) en reebok (onder)*

Eenmaal terug bij mijn fiets, fiets ik via een min of meer rechte bosweg naar de Peeskesweg om in deze richting de weg naar de camping te vervolgen. Onderweg vind ik de plaats waar de raven (*Corvus corax*) die ik al eerder heb gezien hun nestplaats hebben. In een oude douglaspar (*Pseudotsuga menziëzii*) roept de gitzwarte vogel zijn territoriale geluid. Behalve de raaf zingen er enkel nog merels (*Turdus merula*) en roodborsten (*Erithacus rubecula*). Dit zijn de laatste zangvogelsoorten die nog van zich laten horen voordat het bos verdwijnt in de duistere en mysterieuze greep van de nacht. En waar overdag het onophoudelijke concert van zangvogels de levensvreugde door de bossen doet galmen, zijn het 's nachts de grote groene sabelsprinkhanen (*Tettigonia viridissima*) die de akoestische macht in handen nemen.

Op de plaats waar de Peeskesweg langs een kleine akker te midden van bossen loopt, zie ik midden op de akker bij het laatste daglicht nog even het silhouet van een reebok. Een prachtig beeld om mijn eerste dag in de Montferlandse bossen mee af te sluiten. Morgen ligt een bezoek aan de Hettenheuvel in de planning, met als hoogtepunt de bron waar Thijsse over schreef: Diepsheultje Sprong.

ZATERDAG
11 JULI 2020

8   Diepsheultje Sprong

Thijsse schreef over een bron die gelegen zou hebben ten oosten van de Hettenheuvel ergens diep in het bos. Hij schreef er het volgende over:

'De koolmeezen, pimpels en staartmeezen speelden hier bij de Montferland de baas, zwartkop meezen (nu glanskop genoemd!) waren natuurlijk in de minderheid. Die leefden alleen om en bij mijn pomp en dan nog op een schilderachtig plekje, 't laagste punt tusschen Zeddam en Hettenheuvel, rechts van de weg. Daar is een bron die de aantrekkelijke naam draagt van Diepsheultje Sprong. 's Zomers is hij droog, maar toch is de bodem er omheen vochtig genoeg, om toe te laten, dat daar midden tusschen de dennen slanke zwarte elzen zich verheffen, langs greppels, bedekt met een dicht tapijt van moerasviooltjes en waternavel. Ook een eenzame koningsvaren is daar verzeild geraakt en een zware eik heeft daar gestaan, maar die is nu omgehakt; de afgehouwen stomp is nog daar, om in u een spijtige voorstelling te wekken, van hoe heerlijk Diepsheultje geweest moet zijn, toen de woudreus er nog woonde. Maar 't is toch nog een verrukkelijk plekje, en de zwartkopmeesjes maken het er vroolijk genoeg[1].'

Een bezoek aan deze bijzondere plek kan dus natuurlijk niet uitblijven voor dit boek. De aanduiding die Thijsse gaf is echter niet duidelijk genoeg om de plaats zonder meer te kunnen vinden. Op het internet is bijster weinig vindbaar over de bron, en ook op de topografische kaart is deze nagenoeg onvindbaar. Het waren uiteindelijk de topografische kaart van 1908 en de hoogtekaart die mij de plaats deden vinden[60, 61]. Ik besluit in de richting van Diepsheultje Sprong te fietsen om te bekijken in hoeverre daar nog aanwezig is wat Thijsse zoal ter plaatse heeft waargenomen. Gelukkig zal het vandaag droog zijn waardoor de reis een stuk gemakkelijker zal verlopen dan de eerste dag. Diepsheultje Sprong moet een unieke plek zijn geweest, een elzenbos tussen de dennen, een klein moeras in het droge land. Ik zet mijn fiets neer aan de Beekseweg en loop via een zandweg het hooggelegen bos in.

8.1 Mestverwerking

Op het pad tref ik verse paardenvijgen waar de eerder door Thijsse beschreven 'zwarte mesttorren' zich aan tegoed doen. Verschillende soorten mestkevers hebben verschillende strategieën zodat er op een paardenvijg meerdere soorten tegelijkertijd actief kunnen zijn. Heeft de kever hoorns op zijn kop, zoals de driehoornmestkever, dan behoort deze tot de tunnelaars en graaft hij een diepe tunnel tot wel 1,5 meter diep om de mest in te begraven[62]. De hoorns draagt hij om te voorkomen dat soortgenoten mest stelen uit zijn diepe gang[14]. De mestkever die ik tegenkom blijkt de de gewone mestkever (*Geotrupes stercorarius*) te zijn. Anders dan de driehoornmestkever draagt deze soort geen hoorns op zijn kop en heeft deze ook niet nodig. Deze soort maakt kleine balletjes van de mest en begraaft ze ondiep in de grond[14]. Doordat mestkevers de mest van zoogdieren begraven kan deze beter en sneller worden opgenomen door planten.

Wat er zou gebeuren als er geen mestkevers waren, heeft men aan den lijve ondervonden in Australië. De inheemse mestkevers van Australië hebben het niet zo op de mest van de runderen die daar door de mens zijn gebracht. Het resultaat was dat er op een veld maar voor korte tijd runderen geweid konden worden en dat grote oppervlaktes grond onbruikbaar werden als weidegrond nadat er slechts een aantal jaar runderen hadden gelopen[63]. Zelden staan we stil bij het ongekend belang van dergelijke diersoorten. Voor de meer aansprekende soorten zijn overal onderzoeksinstanties opgericht die zich bezighouden met het wel en wee van die soortgroepen. Vogels, zoogdieren, vlinders, reptielen, amfibieën, alle worden ze door hobbyisten geïnventariseerd. Kevers betreffen de meest soortenrijke dierenorde van ons land, maar tevens een van de minst onderzochte. En toch kunnen we uit het Australische voorbeeld concluderen dat het complete ecosysteem zou instorten als zij ontbraken. Geen drijfmest kan er nog worden uitgereden over de weilanden en maïsvelden, want binnen een aantal jaren bedekt een ingedroogde koek het gehele land en kan er geen gewas meer worden geteeld. Respect voor de dieren die we vies vinden zou dan ook het minste mogen zijn.

8.2 Verdroging

Ondanks dat ik een kaartje op zak heb met de exacte locatie van Diepsheultje Sprong, kost het me nog aardig wat tijd om de bron daadwerkelijk te vinden. Ik besluit een groep wandelaars te vragen of ze hier bekend zijn. Als ik vraag naar Diepsheultje Sprong krijg ik te horen dat deze plaats hen niet bekend voorkomt. Na nog een aantal paden afgezocht te hebben vraag ik nog een wandelaar, die ook vertelt niets van de bron af te weten. Al spoedig kom ik echter tot de conclusie dat de bron juist aan mijn rechterhand is gelegen op de plaats waar ik deze wandelaar naar de locatie vroeg. Geen water of ook maar iets wat op water duidt is aanwezig, enkel een diepe, begreppelde kuil die is omzoomd door oude dennenbossen. De natte begroeiing die Thijsse hier beschreef is dan ook niet meer wat het was geweest. De waternavel en de moerasviooltjes zijn niet langer op locatie aanwezig, en ook de koningsvaren kunnen we met een lichtje zoeken. De zwarte elzen staan er wonderwel nog altijd, hoog torenend boven de omliggende bossen uit. Slank zijn de woudreuzen zeker niet meer, ze zijn even zo dik als de dennen in het omliggende droge bosgebied. Aan het feit dat de wortelkluiten van de elzen ten dele blootliggen zie ik dat de bodem in de bron de afgelopen jaren gedaald moet zijn.

Als veenbodems worden drooggelegd veraarden deze en worden door de bodemfauna langzaamaan omgezet in voor planten opneembare mineralen[31]. Als bodems voor een groot deel uit veen bestaan, zoals op dergelijke natte plekken wel vaker het geval is, daalt de bodem zodra dit verteert. Het resultaat is dat de wortels van de bomen boven de grond komen te liggen.

Afbeelding 22 *Diepsheultje Sprong is vandaag de dag voornamelijk begroeid met dalkruid en pijpenstrootje*

De vegetatie vertelt echter wel dat het in de bron nog altijd natter is dan in de rest van het bos. De ondergroei bestaat uit kruipend zenegroen (*Ajuga reptans*), pijpenstrootje (*Molinia caerulea*) en brede stekelvaren (*Dryopteris dilatata*) terwijl in het dennenbos voornamelijk adelaarsvaren (*Pteridium aquilinum*) de toon bepaalt. Ook het eerder beschreven dalkruid (*Maianthemum bifolium*), dat op oude bosbodems duidt, komt veel voor in Diepsheultje Sprong. Ik vermoed echter dat de dikke humuslaag op deze locatie eerder duidt op verterend veen dan op een oude bosgrond. In de berm groeit verder nog een tweetal planten die vertellen dat het hier iets natter is dan in de rest van het bos: de wolfspoot (*Lycopus europaeus*) en de kruipganzerik (*Potentilla anglica*).

Afbeelding 23 *Zwarte elzen in Diepsheultje Sprong*

Maar eerlijk is eerlijk, het echte bronsysteem is verdwenen. Verdroging is een onderschat maar groot probleem in veel Nederlandse bosgebieden. Uiteraard zal iedereen begrijpen dat de laatste drie jaren van ongekende droogte hieraan hebben bijgedragen, maar ook daarvoor speelde het probleem al lange tijd. Ontwatering voor de land- en bosbouw, maar ook drinkwaterwinning hebben hun tol geëist van de nattere natuurtypen[64].

De bossen van het Montferland zijn nog eens extra kwetsbaar voor verdroging omdat het grondwater op dergelijke plaatsen van nature al erg laag ligt. Op hooggelegen stuwwallen uit de voorlaatste ijstijd, waar de Montferlandse bossen maar ook bijvoorbeeld de Veluwe op liggen, is sprake van een zogenoemd hangwaterprofiel. Dit wil zeggen dat het grondwater hier zo laag ligt dat het niet bereikbaar is voor de bomen[65]. Deze gebieden fungeren als zogeheten inzijgingsgebied, wat wil zeggen dat het regenwater dat hier valt veelal de bodem intrekt om op lagergelegen plekken aan de randen in de vorm van opwellend water weer boven te komen. Wordt er echter water opgepompt voor de drinkwatervoorziening, dan daalt het grondwaterpeil waardoor op plaatsen waar eerder grondwater aan het oppervlak kwam deze nu onder de grond blijft liggen[66]. Het resultaat is het verdwijnen van bronnen met de bijbehorende soorten.

Ook vind ik het op z'n zachtst gezegd vreemd dat Thijsses bron in z'n geheel is vergeten door de bezoekers zowel als de beheerders van het gebied. Geen bordje, geen monument, geen aanduiding en zelfs geen rekening houdt men met de bron in het beheer. De langgerekte verfmarkeringen op de hoge elzen die hier dus waarschijnlijk al voor 1896 moeten hebben gestaan, doet vermoeden dat er binnen afzienbare tijd een zogeheten rijendunning wordt uitgevoerd in de bron en het omliggende bos. Dat betekent dat er een zware houtoogstmachine dwars door de tere bodem van de bron komt rijden om een langgerekte open plek te kappen in het bos[3]. De slanke elzen die Thijsse beschreef zijn nu uitgegroeid tot dikke woudreuzen, schijnbaar klaar om in sortimenten te worden gezaagd. Evenals Thijsse het betreurde dat de oude eik die eens gestaan moet hebben op deze locatie was omgehaald, zal ik het erg betreuren als de elzen, die wellicht dus al meer dan 125 jaar oud zijn, zullen worden gekapt.

9 De omgeving van de Hettenheuvel

9.1 Ecologisch belang van boskap

Hoewel de houtoogst soms te betreuren valt, met name wanneer er oude en hoge bomen bij betrokken zijn, kan deze ook wel degelijk voordelen met zich meebrengen voor het bossysteem. Even hoger op de heuvel vind ik een douglasbos waar het afgelopen jaar een dunning is uitgevoerd. De bodem is opengemaakt door de houtoogstmachines en doordat er verspreid bomen zijn weggekapt, komt er meer licht op de bodem. Het resultaat is dat dit bos zich in de komende jaren kan verjongen. Jonge bomen, kruiden en struiken krijgen meer kans om zich in het bos te vestigen dan wanneer het dichte karakter van het bos zou zijn behouden. Ook de oude bomen die zijn blijven staan krijgen meer ruimte om uit te groeien tot dikke woudreuzen.

Juist doordat het grootste vrij levende zoogdier in deze bossen de ree betreft, zijn er geen dieren meer aanwezig die in staat zijn open plekken in het bos te creëren. Van nature leefden hier de kuddes wilde paarden en de wisenten die in de koude wintermaanden, wanneer er verder niet zoveel anders te eten viel, vanuit het rivierengebied de heuvels introkken en de bast van de bomen aten[67]. Werd het vervolgens lente, dan kwam de sapstroom van de afgevreten bomen niet meer voldoende op gang waardoor ze afstierven. Het resultaat was een open plekje waar weer plaats was voor kruiden en jonge bomen. Bevers zijn door het afdammen van beken zelfs in staat om open plekken te creëren die qua omvang niet veel onder doen voor hetgeen we hier in Nederland als 'kaalkap' betitelen. Afgelopen jaar zag ik in het Poolse oerbos een compleet gestorven elzenbos doordat de lokale bevers de beek hadden afgedamd. Een natte open plek met dode bomen was wat er over bleef.

En juist die kaalkap is de laatste jaren een belangrijk thema geworden in het publieke debat. Kaalkap, waarbij open plekken van meer dan twee hectare groot worden gekapt, en het daaropvolgend bewerken van de bosbodem om vervolgens jonge boompjes terug te planten, zorgt ervoor dat het bos minder CO_2 kan opslaan en zou slecht zijn voor de biodiversiteit[68]. Later in dit boek, lees 11.4, zal ik uiteenzetten waarom kaalkap, zij het kleinschalig van aard, juist ook goed kan zijn voor de biodiversiteit.

Het hout dat bij de dunning van het douglasbos is buitgemaakt ligt opgestapeld en in sortimenten gezaagd aan de kant van de bosweg. Doordat de bodem rond de stapelplaats is losgereden en er voedingsstoffen vrijkomen vanuit de houtstapel tref ik er een aantal prachtig bloeiende plantensoorten aan. De gevlekte dovenetel (*Lamium maculatum*) zorgt voor een interessant kleurenspel. Zijn paarse bloemen contrasteren met zijn witgevlekte bladeren. En de aanwezigheid van het moederkruid (*Tanacetum parthenium*), een composiet die gelijk gekleurd is als kamille en het madeliefje, getuigt van een tere schoonheid onder de opgestapelde boomlijken.

Thijsse beschreef hoe hij op de Hettenheuvel zag dat boswespen het hout kauwden van zowel boomstobben als achtergelaten picknickpapier. Dit deden ze voor de bouw van hun nesten. Verder schreef hij over de aanwezigheid van blauwe bosbessen en de ruïne van een hoog Eiffeltoren-achtig gebouw dat dienst had gedaan bij het opmeten van het land. De toegang tot de top van de Hettenheuvel was dan ook verboden omdat instortingsgevaar op de loer lag. Op de top van de Hettenheuvel zou verder een 'mooi heiplekje' hebben gelegen[1]. Boswespen heb ik slechts eenmaal gezien, maar vooral Duitse wespen zijn alom aanwezig. Verder heb ik het geluk om in de bossen van de Hettenheuvel een heel aantal vogelsoorten waar te nemen die Thijsse ook zag in de Montferlandse bossen.

Afbeelding 24 *Gevlekte dovenetel en moederkruid naast houtstapel*

9.2 Het bedreigde naaldbos

Er is geen vogel zo gebonden aan het naaldbos als de kuifmees (*Lophophanus cristatus*), die eigenlijk alleen in dennenbossen voorkomt. Waar Thijsse nog schreef dat hij hele families van deze vogel aantrof, stop ik ervoor wanneer ik hem ergens hoor. Tijdens mijn verblijf in het Montferland heb ik hem slechts een drietal keren gehoord. De kuifmees is evenals de zwarte mees (*Periparus ater*), die ik heb mogen waarnemen in het gedunde douglasbos op de Hettenheuvel, een bedreigde vogelsoort geworden in ons land. Waar de kuifmees op de oranje lijst staat, vinden we de zwarte mees vandaag de dag zelfs op de rode lijst van bedreigde broedvogels[69].

Het verdwijnen van de naaldbosvogels heeft meerdere oorzaken: Stikstofdepositie, klimaatverandering en natuurlijke successie naar loofbos spelen een rol, maar wellicht is het moderne bosbeheer de grootste oorzaak. Naaldbossen, zowel gemengde als

Afbeelding 25 *Van de door Thijsse getekende naaldbosvogels[1] heb ik alleen de glanskop (onder) niet mogen waarnemen. Kuifmees en zwarte mees zijn ook vandaag de dag nog aanwezig.*

ongemengde naaldbossen, verdwijnen in rap tempo uit ons land[70]. Steeds vaker zien we dat deze worden gekapt om ze te veranderen in inlands loofbos of open natuurtypes zoals heide[71]. Hoewel het voor talloze soorten een verademing is dat er voor het eerst in eeuwen weer een redelijke oppervlakte oorspronkelijk loofbos voorkomt in Nederland, zijn het de naaldbosspecialisten die hier slecht tegen kunnen. Loofbossen en gemengde bossen hebben een hogere biodiversiteit dan naaldbossen, maar juist naaldbossen herbergen zeer specialistische soorten die niet in andere systemen voorkomen[71]. Zo kunnen er maar liefst 475 soorten paddenstoelen worden gevonden[71]. Net als natuurtypen zoals hoogvenen, zandverstuivingen en kwelders is de biodiversiteit in naaldbossen laag, maar wel zeer kenmerkend. Dat houdt in dat bij grootschalige omvorming naar loofbos de lokale soortenrijkdom toeneemt (er leven meer soorten in loofbos) terwijl de regionale soortenrijkdom afneemt (de naaldbosspecialisten verdwijnen geheel uit omgevormde regio's).

Het valt niet te ontkennen dat naaldbossen een geheel kunstmatig ecosysteem zijn in Nederland. Nagenoeg alle naaldboomsoorten die we in ons land vinden, stammen uit het buitenland. Amerika, Midden-Europa en zelfs Japan zijn landen waar onze voorouders naaldbomen vandaan hebben gehaald voor de houtproductie[3]. Maar een drietal naaldboomsoorten komt van nature ook al in Nederland voor: de grove den (*Pinus sylvestris*), de taxus (*Taxus baccata*) en de jeneverbes (*Juniperus communis*)[71]. Echter, geen van deze soorten kwam in bosverband voor. De drie inheemse naaldboomsoorten lagen enkel pluksgewijs in het landschap: de jeneverbes op drogere plekken, de grove den in de vorm van kleine plukjes in het hoogveenmoeras, en de taxus op de ondergroei van zware loofbossen[71].

Maar hoewel de naaldbossen dus exotisch zijn en van nature niet voorkomen in ons land, geldt dat niet voor de flora en fauna die we in de bossen zien. Een negental vogelsoorten waarvan een zestal in de meeste naaldbossen leeft, komt uitsluitend tot broeden in door naaldbomen gedomineerde bostypen[8]. Tevens komen veel soorten mossen voor in naaldbossen en kunnen ze dus bijzonder rijk zijn aan paddenstoelen, stuk voor stuk inheemse soorten[71]. Geen van deze soorten is door de mens naar Nederland gebracht. Ze reageerden op het aanplanten van naaldbossen, maar zijn op volstrekt natuurlijke wijze ons land binnengekomen en we dienen ze zodoende als inheemse soorten te beschouwen. Waar tot voor kort het grootschalig kappen van naaldbossen het devies was, wordt de waarde van dit unieke bostype vandaag de dag gelukkig steeds meer onderkend, ook door terreinbeheerders. In Drenthe wees Staatsbosbeheer in 2017 zelfs een aantal zogenoemde naaldbosreservaten aan waar het beheer is gericht op het behouden van bossen bestaande uit fijnspar[72].

Gelukkig vinden we tot op de dag van vandaag nog een redelijke oppervlakte naaldbos op de Montferlandse heuvels. Zelfs een aantal naaldboomsoorten die we niet vaak in Nederland zien, komt hier lokaal voor. Zo vind ik op de Hettenheuvel een plukje jong weymouthdennenbos (*Pinus strobus*). Deze den, die afkomstig is uit het noordwesten van de Verenigde Staten[73], is een echte zeldzaamheid in Nederland. De introductie van de weymouthden was ook eigenlijk een mislukte bosbouwkundige proef. In vroegere jaren werd de boom veel geplant, maar toen bleek dat zowel jonge als erg oude bomen te kampen kregen met een schimmelinfectie afkomstig van de zwarte bes, weymouthroest geheten, verdween de weymouthden snel uit het Nederlandse bosbeeld[74]. Het is een andere eigenschap van de weymouthden waarom hij vandaag de dag nog altijd zeer lokaal voorkomt. De den is namelijk anders dan onze inheemse grove den geen pioniersboom. Hij kiemt juist op kleine open plekjes in bestaande bossen die ontstaan als er een boom omwaait of wordt omgezaagd en er een zaadbank in de bodem aanwezig is, of er weymouthdennen omheen staan die uit kunnen zaaien[75]. In vergelijking met andere naaldbomen heeft de weymouthden nu eenmaal wat minder ruimte nodig, en doordat de boom tegenwoordig zo zeldzaam is, heeft hij minder last van de weymouthroest dan in de tijden dat hij in monocultuur werd geplant. En oprecht, er is in ons land geen mooiere naaldboomsoort dan de weymouthden. Anders dan de andere dennensoorten zijn zijn naalden niet stekelig, maar zo zacht als bochtige smele-gras. Zijn bast is zwart als de nachtelijke duisternis en zijn kegels glimmen als de avondzon. De tengere, zwarte boom die met het minste of geringste open plekje uit de voeten kan, straalt heel wat meer soberheid uit dan onze inheemse grove den, die een enorm open veld nodig heeft[3].

9.3   Kleine open plekjes

En niet alleen de weymouthden houdt van die liefelijke, kleine open plekjes. Het kleinste open plekje kan al fungeren als ware oase in het bos. Er hoeft slechts een hoge den om te waaien en er ontstaat een miniatuur ecosysteempje met geheel eigen soorten; een waar eldorado voor koudbloedige dieren zoals insecten. Het boomlijk warmt op in de zon waardoor insecten snel actief kunnen worden, en doordat er uit het boomlijk veel voedingsstoffen vrijkomen, zijn het al spoedig de braamstruiken die op de open plek groeien. Het resultaat is warmte en voedsel, ideaal dus. En behalve dat helpen de bramen ook meebouwen aan het nieuwe bos dat het open plekje op de middellange termijn moet vervangen. Geen haas of ree waagt zich in het stekelig struweel, zodat al spoedig de jonge lijsterbessen en sporkehoutbomen de hoogte in schieten tussen de bramen, ongehinderd door vraatzuchtige bekjes.

Zo'n plekje kom ik tegen op de noordhelling van de Hettenheuvel. Het kleine, open plekje grenst rechtstreeks aan het pad en diens rijk bloeiende bermen die weer in verbinding staan met de noordelijke bosrand. Het plekje is als het ware als een wegrestaurant voor rondtrekkende insecten. Een zevental vlindersoorten deed zich tegoed aan de zoete nectar van de bramen.

Afbeelding 26 *Boven citroenvlinder en onder gehakkelde aurelia*

Een aantal typische bosvlinders die hier op de zoete braambloesem komt drinken, zijn de citroenvlinder (*Gonepteryx rhamni*) en de gehakkelde aurelia (*Polygonia C-album*). Die eerste is dermate aan bossen aangepast dat zelfs zijn lichaam de vorm heeft aangenomen van een blad. Met name de mannetjes zijn met hun lichtgroene uiterlijk nagenoeg niet van een boomblad te onderscheiden als ze stilzitten. De rupsen van de citroenvlinder leven van een kleine boom, en de wetenschappelijke naam *rhamni* verraadt al van welke: het sporkehout (oude naam: *Rhamnus frangula*). De gehakkelde aurelia is dan juist weer een echte brandnetelvlinder, net zoals de dagpauwoog en de atalanta die we al eerder zagen bij het distelveld, en ook de kleine vos en het landkaartje[76].

Grote brandnetels (*Urtica dioica*) zijn van ongekend belang voor de dagvlinderbevolking. Er is geen enkele andere plant in ons land waar zoveel soorten dagvlinders hun eitjes op afzetten. Hoewel vaak verguisd door tuinbezitters, natuurbeheerders en boeren is behoud van dit kruid voor vlinders en een veelvoud aan andere insecten erg belangrijk. Veel mensen zetten wel een vlinderstruik in hun tuin om voorbijvliegende vlinders aan te trekken en van voedsel te voorzien, maar vergeten dat ook rupsen voedsel nodig hebben. Een kleine bloempot met een brandnetelplant is vaak al genoeg en voorkomt tegelijk dat de tuin binnen een aantal jaren volledig overwoekerd zal worden met brandnetels. Denk dan ook niet in de herfst dat het een goed idee is de dode stengels te verwijderen, want juist daarin overwinteren veel andere insecten zoals de gewone distelboktor (*Agapanthia villosoviridescens*)[77]. Het zou mijn aanbeveling zijn om bij het eerstvolgende biodiversiteitsproject niet alleen de bermen in te zaaien met wilde bloemen en overal insectenhotelletjes op te hangen, maar juist ook de brandnetel de ruimte te geven. En het kan ook als je enkel een balkon of zelfs een raam hebt, hang gewoon een pot brandnetels buiten het raam en de insectenbevolking zal je zeer dankbaar zijn. En ook hier langs het pad groeien grote aantallen brandnetels, een op het oog niet bepaald mooie plant, maar wel een waardevol onderdeel van het ecosysteem die vele oranje en rode vlinders voortbrengt.

En niet enkel vlinders komen voor op het kleine, open plekje, ook tal van andere insecten hebben het kleine eilandje in de bomenzee ontdekt. Het zevenstippelig lieveheersbeestje (*Coccinella septempunctata*) doet zich tegoed aan de vele bladluizen die op de bramen leven en op de omgevallen den zelf tref ik de bloedrode kniptor (*Ampedus sanguineus*). Verder worden de bloemen bezocht door een grote verscheidenheid aan zweefvliegen en hommels, een waar paradijsje. Ook wespen zijn er alom vertegenwoordigd.

Afbeelding 27 *Boswesp*

En warempel, dit zijn niet de Duitse wespen die we eerder al zagen, maar zowaar de boswespen die Thijsse destijds waarnam. Zoals Thijsse al beschreef, heeft de boswesp (*Dolichovespula* sylvestris) een duidelijk andere koptekening dan de gewone wesp en de Duitse wesp. Opvallend is dat deze wesp vandaag de dag in het Montferland vele malen zeldzamer is dan toen Thijsse het Montferland bezocht. Dit heeft wellicht te maken met het leefgebied van het diertje. Hij hangt namelijk in tegenstelling tot de vandaag de dag veel algemenere Duitse wesp zijn nestjes in

jonge bomen en struiken en is daartoe een ware bosrandsoort[82].
Zoals we ook al zagen bij de vogels die Thijsse aantrof op de
helling van de Galgenberg waren de Montferlandse bossen in
1896 nog zo jong dat veel soorten die er voorkwamen eigenlijk
soorten van struwelen en bosranden waren en dat echte bossoorten ontbraken.

Het gonzende en zoemende geluid dat het open plekje voortbrengt, werkt als een magneet op een pas uitgevlogen groepje
zwartkoppen en diens ouders. Deze insectenetende zangvogel
heeft Thijsse nergens beschreven. Verwarring is mogelijk met de
glanskop die door Thijsse zwartkopmees werd genoemd, maar
doordat hij de wetenschappelijke naam erbij heeft genoteerd
valt te achterhalen dat dit niet om de zwartkop gaat die ik hier
vandaag de dag massaal en verspreid door het gehele gebied aantref, maar om de glanskop. De zwartkop is de laatste decennia
fors toegenomen, en dat zegt iets over de biodiversiteit in onze
bossen. De zwartkop is namelijk afhankelijk van bossen met
een rijke ondergroei en een hoog aantal insecten die tijdens de
broedtijd het enige voedsel voor de vogel vormen[78]. In Thijsses
tijd waren de bossen nog jong en eentonig. De ondergroei bestond uit mos en paddenstoelen en lokaal uit adelaarsvarens
en blauwe bosbessen, maar zeker niet uit hoge lijsterbes- en
sporkehoutstruiken en jonge bomen van vele soorten. Een grote
rijkdom aan insecten leeft vandaag de dag op de vele jonge bomen en struiken die belangrijk voedsel vormen voor een groot
aantal zangvogels.

9.4   Amerikaanse vogelkers: vloek of zegen?

Een nogal gehate struik die vandaag veel voorkomt in de ondergroei van de meeste Nederlandse bossen, en die tevens uitermate
rijk is aan insectenleven, betreft de Amerikaanse vogelkers, die
we al eerder zagen op de Galgenberg (lees 2.1). Er is geen boom
in ons land te bekennen met zulk een bijzonder verhaal als de
vogelkers. Het begon allemaal toen men in de 19e en 20e eeuw

massaal dennenbossen begon aan te planten voor stuthout voor de Limburgse mijnen. De zandverstuivingen en heidevelden van hoog Nederland moesten eraan geloven, evenals grote stukken van de duinen. Als zogenoemd 'vulhout' werd de vogelkers uit Amerika doorgezaaid. Het idee was dat de vogelkers een ondergroei zou vormen in de dennenbossen die met zijn goed verterend blad zou zorgen voor verbetering van de sterk verzuurde en verschraalde heidebodems. Na de eerste dunningen bleek echter dat de vogelkers een invasieve exoot betrof. Een invasieve exoot is een soort die hier van nature niet thuishoort en kan uitgroeien tot een heuse plaag. Gekapte dennenbossen veranderden in hele velden waar niets dan vogelkers voorkwam. Al spoedig kreeg de boom de naam 'bospest' toegewezen en werd hij met man en macht bestreden[79].

Maar als geen ander heeft de Amerikaanse vogelkers ons geleerd hoe veerkrachtig het natuurlijk systeem is. Natuurlijke selectie zorgde er in minder dan een eeuw voor dat een breed scala aan insectensoorten zich wist aan te passen aan de vogelkers. De boom is zelfs zo goed ingeburgerd dat hij een hogere biodiversiteit herbergt dan de inheemse vogelkers die hier al millennia voorkomt (*Prunus padus*). Meer dan anderhalf keer zoveel soorten insecten leven er op de Amerikaanse vogelkers dan op de gewone vogelkers[80].

Een van deze soorten is het vijfstippelig struikhaantje. Dit kevertje leefde tot de jaren '90 nog van de wilde lijsterbes, maar de soort heeft zich opgesplitst in lijsterbes-specialisten en vogelkers-specialisten, en de vogelkers-specialisten zijn zelfs genetisch veranderd[81]. Het is dan ook niet ondenkbaar dat deze kever op termijn een compleet nieuwe soort zal vormen. Met een knap staaltje evolutie laat de natuur ons hier zien dat zij, mits we haar de tijd geven, in staat is uitheemse soorten op te nemen in het ecosysteem. Binnen een eeuw kunnen soorten als de Amerikaanse berenklauw en de Japanse duizendknoop dan ook waardevolle soorten zijn geworden voor de inheemse biodiversiteit. Zo verwerd de vogelkers in amper een eeuw tijd van een bodemverbeteraar tot een gehate plaag, tot een geliefde bosboom die steeds minder wordt bestreden.

9.5 Graflucht

Intussen is het tijd om die Hettenheuvel eens daadwerkelijk te beklimmen. Na een halve dag om de hete brij heen te hebben gedraaid, besluit ik de top van de heuvel op te zoeken. De vele zandweggetjes voeren me door de meest uiteenlopende bostypen. Oude beukenbossen met wintereiken, douglassparrenbossen, berkenbossen, grove dennenbossen, lariksbossen met veel blauwe bosbes op de ondergroei, er komt bij lange na geen einde aan de enorme diversiteit van het uitgestrekte boslandschap. Wat zou Thijsse dit mooi hebben gevonden.

Bijna bij de top van de heuvel aangekomen, merk ik een kenmerkende geur op. In de directe nabijheid van het pad moet een stinkzwam (*Phallus impudicus*) groeien. Deze schimmel heeft een erg interessante manier van voortplanting ontwikkeld die meer weg heeft van bloemplanten dan van schimmels. Zijn stank doet veel insecten denken aan de geur van rottend vlees waardoor ze erop afkomen. Tal van vliegen en aaskevers bezoeken de zwam in de hoop een vers kadaver te treffen om eitjes in af te zetten. Wanneer ze echter teleurgesteld wegvliegen, dragen ze de sporen van de stinkzwam bij zich en bij hun eerste de beste landing op de bosbodem komen de sporen in de grond van waaruit zich een nieuw schimmelnetwerk kan vormen. Schiet deze in bloei, dan komt er een aantal

Afbeelding 28 *Stinkzwam met groene vleesvlieg*

vreemd uitziende witte ei-achtige verschijningen uit de grond. In de volksmond worden ze benoemd met de term 'duivelsei', en vanuit deze eieren ontwikkeld zich een nieuwe stinkzwam die weer vliegen en kevers zal aantrekken.

9.6 Beukenbos

Uiteindelijk bereik ik de top van de Hettenheuvel, en het is hier op z'n zachtst gezegd nogal veranderd ten opzichte van Thijsses tijd. Geen Eiffeltorenachtig bouwwerk met uitzicht over de bossen, en ook geen 'mooi heiplekje', maar een zwaar beukenwoud met een klein houten paaltje dat vertelt dat dit het hoogste punt van de Hettenheuvel moet zijn. Een hele klim tegen een steile heuvel zonder de beloning van het uitzicht, best jammer natuurlijk, maar het beukenbos is er wel prachtig.

Het blijft me verbazen hoe een karig dennenbos en een stukje hei in amper een eeuw kunnen veranderen in een waar climaxbos. De natuur kan blijkbaar vele eeuwen van ontbossing, overbegrazing en roofbouw, waardoor de heidevelden eens ontstonden, in amper een eeuw veranderen in een zomergroen Atlantisch beukenwoud, het bostype dat van nature grote delen van onze zandgronden zou begroeien[29]. Hoopgevend om te zien hoe goed een dergelijk bos zich na al die millennia weet te herstellen. Mijn stille hoop gaat ernaar uit dat ook de regenwouden in het verre zuiden zich in deze snelheid kunnen herstellen.

9.7 Over varens en zwijnen

Ik loop de Hettenheuvel noordwaarts naar beneden af zodat ik via de akkers ten noorden van de bossen door Zeddam terug kan lopen naar mijn fiets. Zoals op veel plaatsen in het Montferland groeien metershoge adelaarsvarens op de bosbodem. Hoewel deze varens werkelijk prachtig zijn om te zien, vooral door hun voor Nederlandse begrippen ongekend grote formaat, ontnemen zij het verjongende bos zijn licht waardoor bij het sterven van de oudere bomen geen nieuw bos zal opgroeien zonder dat er maatregelen worden genomen. Niet verwonderlijk is dan ook dat men in Thijsses tijd de bosbodem in veel dennenbossen omploegde om de adelaarsvaren geen kansen te gunnen[1]. Maar hoe is het dan toch mogelijk, dat er van nature bos kan groeien op de hoge zandgronden en niet alles door varens wordt geregeerd?

Afbeelding 29 *Pas uitgelopen adelaarsvaren*

De bossen van de Veluwe, vlakbij mijn woonplaats Velp, geven hier het antwoord op. Anders dan in de Montferlandse heuvels bevinden zich in de Veluwse heuvels weinig bossen die volledig worden gedomineerd door adelaarsvarens. Ze komen er zeker voor, en veel ook, maar niet als alles overwoekerende bodembedekker, maar als pluksgewijs opstijgende groepjes. Het ligt allemaal aan de wilde zwijnen (*Sus scrofa*) die in het Veluws land zo algemeen voorkomen. Met de zogenoemde 'woelschijf' op hun snuit ploegen ze de bosgrond om en bieden ze ruimte aan pioniersplanten en jong geboomte. Spijtig is het dan ook te noemen, dat dit prachtige dier van de wetgever alleen op de Veluwe en in de Meinweg voorkomen mag. Elders worden ze bij een eerste aanblik overhoopgeschoten omdat ze zoveel schade veroorzaken in de landbouw. Het resultaat is bossen waar varens de bodem begroeien en waar geen verjonging mogelijk is zonder menselijke ingrepen.

Zo zonde is dit zogenoemde 'nulstandbeleid' ook met het oog op de wolf die sinds een aantal jaren weer terug is in ons land. De media staan vol berichten van boze schapenhouders die de wolf liever kwijt dan rijk zijn terwijl de wolvenroedel op de noordelijke Veluwe bijna nooit schapen aanvalt. De aanwezigheid van grote aantallen wilde zwijnen die elk jaar grote groepen smakelijke biggen voortbrengen, zal hier ongetwijfeld een oorzaak van zijn. Ik hoop dat men op een dag besluit het nulstandbeheer te herzien. De toekomst zal leren in hoeverre er in de Nederlandse bossen meer ruimte wordt gegeven aan deze prachtige dieren.

9.8 De kracht van de menging

Terwijl ik de heuvel verder afloop, betreed ik opnieuw een gestorven fijnsparrenbos. Tussen de dode staande stammen zijn jonge zomereikjes geplant, en elders in het Montferland zag ik al dat iepen en linden waren gepoot tussen de dode sparren. Zoals eerder al beschreven, zijn de fijnsparren overleden doordat ze niet voldoende hars konden aanmaken om vraatzuchtige parasieten buiten de deur te houden. Later, lees 16.6, zal meer aandacht worden besteed aan de parasitaire keversoort die de fijnspar zo fataal aan het worden is. De droogte, die in elk geval in oostelijk Nederland is te linken aan de wereldwijde klimaatverandering[83] en dus wellicht in de toekomst 'normaal' zal worden, veegt de fijnspar en alle soorten die daarvan afhankelijk zijn vakkundig van de kaart. Gelukkig verdwijnen niet alle fijnsparren zoals we in Duitsland zien. Nog altijd kunnen er in het Montferland bosjes worden gevonden die nog niet door de kevers zijn ontdekt; bosjes met vitale fijnsparren. Juist op de plaatsen waar de fijnspar in gemengde (naald)bossen voorkomt, wordt hij minder aangevreten. Maar of de soort echt stand weet te houden zal de toekomst moeten leren.

En in wezen is dit de algemene wet van de natuur. Komen ergens veel soorten door elkaar voor, dan krijgen plaagdieren geen kans om zich tot plagen te ontwikkelen, maar vellen zij slechts her en der een boom of andere plant[84]. Dit resulteert op zijn beurt weer in nog meer variatie. Dit maakt het gemengde bos, waar veel verschillende boomsoorten door elkaar voorkomen, dan ook het krachtigste en meest weerbare bos dat denkbaar is. Het maakt in een gemengd bos niet uit of er een eikenziekte of een beukenziekte overwaait, want de ziekte kan zich moeilijk verspreiden en zal daarom slechts lokaal slachtoffers maken. Vergelijk het met de COVID-19-pandemie: Grenzen bomen of andere planten van dezelfde soort en leeftijd aan elkaar, dan verspreidt de ziekte zich.

10 Ten noorden van de Hettenheuvel

10.1 De gangbare graanvelden

Nu ik uiteindelijk de Hettenheuvel ben afgelopen, kom ik aan bij de noordelijke bosrand. Greppelsprinkhanen ratelen onophoudelijk vanuit de ruige bosrand en al spoedig voert het uitzicht over immense gele graanvelden. Wuivende halmen zijn er zover het oog reikt. Als een gele mantel omzomen zij de groengetooide heuvels, rijk aan tal van dieren die zich tegoed doen aan de overvloed van de zaden. Maar de velden zijn soortenarmer dan de natuurakkers die we eerder al zagen naast de camping het Peeske. Toch kunnen we ook hier een aantal waarlijk zeldzame soorten vinden. En het begint al op het grindpad dat ik volg nu ik het bos uit loop.

Afbeelding 30 *Greppelsprinkhaan in bosrand*

Een opvallend snel zangvogeltje rent over het hete grindpad om her en der insecten uit de berm te plukken. Telkens als het diertje stilstaat, wipt het bewegelijk met zijn staartje op en neer, en aan dit opvallende gedrag heeft het diertje dan ook zijn naam te danken: 'kwikstaart'. Zijn opvallende, gele borst verraadt dat het moet gaan om de gele kwikstaart (*Motacilla flava*), een soort van de rode lijst van bedreigde broedvogels. Oorspronkelijk kwam deze vogel alleen voor in natuurlijke graslanden langs de rivieren, maar met de opkomst van de landbouw zoals die na de steentijd geleidelijk het dichtbeboste Nederland in een open tot halfopen landschap veranderde, kreeg hij er veel geschikt biotoop bij. Vooral gemengde gebieden met akkers zowel als weilanden zijn in trek zodat ze in de akkers kunnen broeden en in de weilanden insecten kunnen zoeken[85]. In de vorige eeuw was dit nog niet nodig omdat de graslanden toen later en minder vaak werden gemaaid, maar vandaag de dag is het voor welke broedvogel dan ook niet meer mogelijk ook maar één jong groot te krijgen in regulier agrarisch grasland. Gelukkig voor de kwikstaart en ook veel andere diersoorten is de omgeving van het Montferland erg gevarieerd en bevinden zich hier akkers met diverse gewassen zowel als graslanden in elkaars directe nabijheid.

Nog een dier dat hier ongetwijfeld van profiteert is de haas (*Lepus europaeus*), inmiddels ook een dier van de rode lijst. Ik zie er eentje op de grens tussen een pas geoogst graanveld en een akker met hoge maïs. Doordat de maïs pas in het najaar wordt geoogst, dient dit hoge gewas voor veel dieren als dekking. Zowel de eerder beschreven reeën als de hazen benutten de volle maïsvelden als schuilplaats om de dag in door te brengen. Er valt tussen de hoge maïsplanten echter weinig te eten, maar daarvoor zijn er de gras- en graanvelden. De haas die in de verte zit, weet dan ook zeer schichtig een graantje mee te pikken van de oogst om vervolgens zo spoedig mogelijk weer in de hoge maïs te verdwijnen.

Ook houtduiven (*Columba palumbus*) zijn er met grote zwermen om de verse graankorrels te eten. De grote hoeveelheid houten holenduiven die in de bossen tot broeden komt, hangt zoals eerder beschreven dan ook naar grote waarschijnlijkheid samen met de immense oppervlaktes graanvelden rond het boscomplex.

Even verderop viel mijn oog op de roze bloemen van het knoopkruid (*Centaurea jacea*) in de berm met daarop een prachtig uitziende dagvlinder: het bruin blauwtje (*Aricia agestis*). Een sneeuwwitte band met oranje vlekjes begrenzen zijn donkerbruine vleugels. Het diertje zet haar eitjes af op diverse plantensoorten uit de ooievaarsbekfamilie[86], zodat de her en der tussen maïs en graan groeiende kleine ooievaarsbekjes (*Geranium pusillum*) een goede legplaats zijn. De vlinder vindt een ideaal biotoop in de wat schralere bermen aan de rand van grote graanakkers omdat hier zowel kale grond aanwezig is om op te warmen als nectarrijke bloemen zoals het knoopkruid.

Afbeelding 31 *Van boven naar beneden:*
gele kwikstaart, haas, houtduif en bruin blauwtje

Na de akkers bezocht te hebben, loop ik via Zeddam terug naar mijn fiets. Het is opnieuw een drukke, maar productieve dag geweest. Ik blijf me erover verbazen wat een rijk systeem dit bosgebied is geworden in vergelijking met de tijd waarin Thijsse het gebied bezocht. Hoewel Diepsheultje Sprong volledig leek opgedroogd, kon ik de meeste naaldbosvogels die Thijsse beschreef nog altijd in het gebied aantreffen. De Amerikaanse vogelkers en de soorten die alleen voorkomen in kunstmatig aangeplante naaldbossen hebben laten zien dat de natuur enorm veerkrachtig is en zich kan aanpassen als ze de tijd krijgt. In een ruime eeuw verandert ze kale heide in lommerrijk beukenbos. Maar monoculturen van fijnspar die in het verleden zijn aangeplant, worden even vakkundig opgeruimd als de beukenbossen groeien.

Morgen ligt voor mij een dagtocht in het bosgebied ten zuiden van de Peeskesweg in de planning. Hier heeft de sterfte van de fijnspar geleid tot grootschalige kaalkap. Maar zelfs op grote kapvlaktes leven soorten die elders nagenoeg niet voorkomen. Verder zal ik de oostelijke bosrand en opnieuw het distelveld bezoeken om vervolgens via de grote, stille lariksbossen van het Bergerbos mijn weg naar het Peeske te hervatten. Er nadert weer een drukke dag, dus besluit ik het deze avond niet al te laat te maken zodat ik morgen in alle vroegte kan vertrekken.

ZONDAG
12 JULI 2020

11 Het Korterbosch

De meeste plaatsen die Thijsse met naam en toenaam noemde, had ik tot dusver bezocht. Het twaalfjarig dennenbos, het pompstation, de Hettenheuvel, 's Heerenberger Straatweg en de Terborgschen Grintweg bezocht ik allemaal. Thijsse beschreef echter ook in een aantal dagmarsen de gehele Montferland-groep te hebben doorkruist en er is in zijn beschrijvingen een even groot aantal waarnemingen vermeld zonder dat hierbij de exacte locatie staat. Ik besloot dus ook de rest van het gebied te bezoeken. Ik b verwijderen zal vandaag de bossen ten zuiden van de Peeskesweg aan een dagtocht onderwerpen. Juist om in alle volledigheid een vergelijkbaar beeld te kunnen geven van de Montferlandse heuvels als dat Thijsse dat in 1896 deed. Omdat mij is opgevallen dat de menselijke aanwezigheid in deze bossen tot in de late avonduren voortduurt, besluit ik mijn dagtocht in de vroege ochtend te beginnen, op het moment dat de vele vakantiegangers nog op één oor liggen. Vanaf het Peeske zal ik het Korterbosch en de Keulsche Slagen aandoen, te voet en zonder fiets ditmaal.

Zo ben ik rond een uur of zes in de morgen te vinden in het douglassparrenbos net ten oosten van het Peeske. Van welk een paradijselijke schoonheid het naaldbos in de ochtend getuigt, is met geen pen te beschrijven, dat zul je echt in de werkelijkheid moeten ervaren om er een beeld van te kunnen vormen. Het gezang van vele goudhaantjes die vanuit de boomtoppen zingen in combinatie met de koelte die vanuit de bosbodem oprijst naar het kronendak vormen de ziel van het donker naaldbos in de vroege ochtenduren. Het blijft lastig te beschrijven hoe de sfeer van het naaldbos zo verschillend kan zijn van die van het loofbos. Het loofbos is iets warmer en gemoedelijker, iets overzichtelijker ook, terwijl het naaldhoutbos, vooral die bossen die begroeid zijn met sparren van vele soorten, een meer mystieke en onbekende sfeer uitdraagt. Het is haast of een klein stukje van de noordelijke Taiga is meegekomen met de aanplant van onze naaldbossen. Het is voor mij bijna zeker dat als de oude natuurvolkeren de naaldbossen van vandaag de dag in Nederland zouden treffen, ze deze heilig zouden verklaren.

11.1 Plukplaatsen

Maar ook op dergelijke, ogenschijnlijk vredige plaatsen speelt het oneindig spel van eten en gegeten worden. Vlak naast de bosweg betrap ik de havik (*Acipiter gentilis*) op heterdaad terwijl hij een postduif (*Columba livia domestica*) aan het plukken is. De havik trekt vakkundig de veren uit zijn pas geslagen prooi om deze ter plaatse achter te laten. Ook andere minder voedzame delen, zoals poten en grotere beenderen, blijven soms op de plukplaats achter. In dit geval laat de opvliegende havik de kleurring die de postduif heeft gedragen tussen het verenkleed op de grond achter. Nu heb ik het geluk om de dader nog weg te zien vliegen met de prooi in zijn klauwen, maar ook als er enkel een geplukte vogel ligt, is goed te zien welk roofdier ervan gegeten heeft (bron: eigen observaties). Zijn de veren nog intact, dan is er altijd sprake van een roofvogel. In de Nederlandse bossen gaat dat meestal om de havik of de sperwer (*Acipiter nisus*).

Afbeelding 32 *Havik met geslagen postduif*

Zijn de veren stukgebeten, dan is er een zoogdier aan het werk geweest. Wanneer de veren nog pluksgewijs aan elkaar zitten gaat het meestal om een vos (*Vulpes vulpes*) en wanneer er losse, stukgebeten veren liggen, dan betreft de dader meestal een marterachtige zoals bijvoorbeeld de boommarter of de steenmarter (*Martes foina*).

11.2 Compleet ecosysteem naast dode berk

Vanuit het douglasbos voert een zandweg langs een uitgestrekt berkenbos. De ondergroei wordt vrijwel volledig gedomineerd door hoge adelaarsvarens en langs de rand van het bospad groeit ruwe smele (*Deschampsia cespitosa*) overvloedig. Naast het pad ligt een omgevallen berk met vruchtlichamen van de echte tonderzwam (*Fomes fomentarius*). Deze grote zwam dankt zijn naam aan het oude gebruik om hem als tonder/tondel te gebruiken voor het aanmaken van een vuur. Ötzi, de bekende ijsmummie uit de Italiaanse Alpen, droeg een stukje van deze zwam bij zich[87]. Zelf heb ik het ook eens geprobeerd, en het gaat verrassend eenvoudig. Door met een mesje een klein beetje poeder uit het hart van de zwam te verwijderen en met een beetje magnesium, pyriet of vuursteen een vonkje aan te maken die in het hoopje tonderzwamgruis terecht komt, gaat het gloeien. Wanneer het hoopje voorzichtig wordt aangeblazen, neemt het gloeiende oppervlak toe, en als vervolgens een kleine hand pijpenstrogras al blazende naast het gloeiende hoopje wordt gehouden, ontstaat een vlam. Maar wees voorzichtig bij het verzamelen van tonderzwammen, neem er enkel eentje mee als er vele andere op de locatie aanwezig zijn, en verkies een kleine boven een grote. Een grote tonderzwam is namelijk een ecosysteem op zichzelf. Hoe gek het ook klinkt: in het binnenste van een grote tonderzwam kunnen ruim entwintig insectsoorten leven[13], soorten overigens die elders niet voorkomen.

Afbeelding 33 *Tonderzwam op omgevallen berk*

De zwam eet het dode hout op en maakt er een zaagselachtig poeder van waar op hun beurt al die insecten weer van eten. Anders dan de meeste andere paddenstoelen, die binnen een aantal weken weer verrotten, kan de echte tonderzwam een respectabele leeftijd van maar liefst dertig jaar bereiken. Ieder jaar groeit er aan de onderzijde weer een stukje bij. Gelukkig komt de tonderzwam vandaag de dag weer steeds vaker in onze bossen voor, zo anders dan in de bossen die Thijsse aantrof. In de vorige eeuw was de tonderzwam een zeldzaamheid, juist omdat hij aan dood berken- en beukenhout is verbonden[88].

Naast de omgevallen berk bevindt zich een vegetatie van pit-rus (*Juncus effusus*) en gladde witbol (*Holcus mollis*) in de berm van de zandweg. Een opvallend klein, oranje zwammetje komt tussen de klauwtjesmos (*Hypnum*) onder de pitrus de grond uit: de rupsendoder (*Cordyceps militaris*), niet te verwarren met de gelijkgenaamde sluipwesp (lees 5.1). Zijn naam verraadt al gauw zijn bizarre standplaatseisen; hij groeit namelijk op de poppen van nachtvlindersoorten die onder de grond verpoppen[89]. Denk hierbij bijvoorbeeld aan de huismoeder (*Noctua pronuba*). Het kan zo gek niet worden bedacht of het bestaat, zo blijkt maar weer. Ieder klein plekje in het ecosysteem is opgevuld door unieke soorten. Zodra er mogelijkheden zijn worden deze aangewend, en als er nieuwe mogelijkheden ontstaan, zullen soorten zich eraan aanpassen zoals we al zagen bij de Amerikaanse vogelkers.

Nog een soort met een bijzondere voedselstrategie zie ik in de pitrusstengel zitten. Een klein spinnetje met een bruin kop-borststuk en een wit met zwart achterlijfje kijkt met acht kleine oogjes mijn kant op: het is de herfsthangmatspin (*Linyphia triangularis*). Deze spin komt eigenlijk door het hele land voor, verspreid over de meest uiteenlopende vegetaties. Zijn naam dankt hij aan zijn unieke web, dat vooral in de ochtenddauw in het najaar goed is te zien. Vakkundig weeft hij namelijk een waar zijden hangmatje in elkaar met een aantal verticale draden erboven[90]. Zodra het hangmatje af is, gaat hij aan de onderkant hangen om te wachten tot een ongelukkige voorbijganger tegen een van de verticale draden aanvliegt om vervolgens in de hangmat te vallen. De herfsthangmatspin die aan de onderkant van de hangmat hangt te wachten, loopt vervolgens onderlangs naar het gevallen insect om hem met een giftige beet dwars door haar web heen dood te bijten. Vliegende insecten van verschillend formaat zijn in trek, zo lang ze maar niet sterk genoeg zijn om zich snel uit de hangmat te bevrijden. Door dit unieke webontwerp, dat veel minder ruimte inneemt dan de welbekende wielwebben van de kruisspinnen, kan de herfsthangmatspin ook in lagere begroeiingen zijn webben bouwen. Geen bomen of gebouwen zijn ervoor nodig, slechts een aantal grasprieten. Een horizontale structuur is immers al genoeg voor een kleine hangmat, zodat het diertje geen last heeft van concurrentie met wielwebspinnen.

Wonderlijk zoveel als er te beschrijven valt op slechts deze ene vierkante meter naast een omgevallen berk. Tijd om door te lopen, want het zal mij benieuwen hoe de bossen verder oost-waarts eruitzien.

11.3 Hinderlaagjagers

Prachtige, grazige bosweggetjes van nog geen twintig centimeter breed voeren verder het gebied in. Hoewel er weinig bospaden zo aanlokkelijk ogen als deze dient wel in acht te worden genomen dat zich op de bosbodem een sluipmoordenaar verschanst. De rover ligt hier in hinderlaag. Met beide voorpoten in de lucht wacht hij op een nietsvermoedende prooi en klampt zich vervolgens vast aan zijn vacht of kleding: het is de schapenteek (*Ixodes ricinus*). Niet het wild zwijn, het edelhert, de wisent of zelfs de wolf, maar de teek is de gevaarlijkste diersoort die in ons land voorkomt. Het is dan ook zeer raadzaam om na ieder bezoek aan droge grazige gebieden te controleren of zich geen teken hebben vastgebeten. Eigenlijk zijn teken van zichzelf volstrekt ongevaarlijk, ze zuigen zich vol met bloed, vervellen en laten zich vervolgens weer vallen. Niets ergs aan de hand zou je denken, maar het gevaar van de teken schuilt in hun levenscyclus, want van nature zijn teken altijd schoon.

Wanneer de teek uit zijn eitje kruipt, draagt het diertje zes poten en wordt hij 'larf' genoemd. De larf gaat vervolgens in hinderlaag liggen naast een looppaadje van kleine knaagdieren om zich vast te bijten in een muis of rat. Tijdens het opzuigen van het knaagdierbloed wil wel eens de *Borrelia burgdorferi* bacterie meekomen vanuit het knaagdier, waardoor de teek besmet wordt met de bacterie. Voor de teek zelf vormt deze bacterie geen gevaar, evenals voor de meeste potentiële gastheren, alleen kan hij bij de mens de gevreesde ziekte van Lyme veroorzaken. Nadat de larf is volgezogen met knaagdierbloed, laat hij zich vallen en vervelt voor de eerste keer[91].

Nu draagt hij acht pootjes en wordt hij 'nimf' genoemd. De nimf zoekt vervolgens een plekje langs een wildwissel of bospad en wacht tot er een groter zoogdier zoals een ree of een mens langskomt. Een enkele keer klimmen ze in een lage struik, maar dat teken uit bomen zouden springen is een mythe. Wanneer de teek zich vastbijt, bestaat de kans dat hij de *Borrelia*-bacterie overbrengt. Zit hij opnieuw vol, dan vervelt hij voor de laatste keer en komt er een volwassen teek tevoorschijn[91].

Is het een mannetje, dan zoekt hij nu een vrouwtje om mee te paren en is het een vrouwtje, dan zal ze zich na de paring opnieuw vastbijten in een groter zoogdier. Ze heeft het bloed namelijk nodig voor de productie van ruim 1000 eitjes. Heb je een teek, kijk eerst hoeveel pootjes deze heeft. Zijn het er slechts zes, geen paniek, een larf kan onmogelijk besmet zijn omdat hij immers nog geen knaagdier heeft gebeten. Heeft hij acht potjes, dan dient hij zo spoedig mogelijk verwijderd te worden om besmetting te voorkomen. Maar voorkomen is natuurlijk beter dan genezen, dus draag beter een lange broek met de pijpen in de sokken[91].

En het zou ook werkelijk zonde zijn als ik deze smalle paadjes over zou slaan. De ronde sporkehoutstruiken (*Frangula alnus*) weerklinken van de hommels die zich tegoed doen aan de nectar in de bloesem, en de vinken (*Fringilla coelebs*) zingen luid en duidelijk vanuit de hoge sparrentoppen. Een aantal plantensoorten die ik zoal aantref in het Montferland vallen op door hun ongekende rijkdom aan bestuivende insecten, en daar is het sporkehout een van. Ook de eerder beschreven akkerdistels (*Circium arvense*) uiteraard, en de valse salie (*Teucrium scorodonia*) die lokaal de complete bermen van de boswegen geelwit kleurt. Het is heerlijk om deze zomerdagen door te brengen in een zoemende weelde van talloze hommels en bijen op de bloemplanten en een vreugdevolle vogelzang vanuit de boomtoppen. De zang van vink en winterkoning (*Troglodytes troglodytes*) wordt echter in de verte onderbroken door die van geelgorzen (*Emberiza citrinella*), en zoals we eerder al zagen, betekent dit dat er een open plek moet liggen.

11.4 De kapvlakte als waardevol biotoop

En dit blijkt geen lommerrijk open plekje, maar een enorme kapvlakte. Grote stobben herinnerden aan het hoge naaldbos dat hier eens groeide. En aan de omliggende bossen is spijtig genoeg al te zien waarom deze kapvlakte is aangelegd. Gestorven monoculturen van fijnsparren en lariksen die door de vraatzuchtige bastkevers naar de andere wereld zijn geholpen; het eerder benoemde verhaal, zeg maar. Gelukkig zijn de kapvlakten wel opnieuw ingeplant, maar niet langer met naaldbomen. Een enorme rijkdom aan verschillende inlandse loofboomsoorten is er geplant. Winterlinden (*Tilia cordata*), iepen (*Ulmus spec.*), zoete kersen (*Prunus avium*), wintereiken (*Quercus petraea*), beuken (*Fagus sylvatica*) en hazelaars (*Corylus avellana*) staan in gemengde rijtjes tussen de grote sparrenstoven. Her en der is tevens een plukje spontaan opgeslagen loofbos aanwezig met wilde lijsterbessen en sporkehoutstruiken. De diversiteit van het toekomstige bos zorgt ervoor dat er nooit meer een dergelijke plaag kan plaatsvinden waarbij het gehele bos zal sterven, en ook doordat boomsoorten zoals de zoete kers goed bestand zijn tegen periodieke droogtes is het bos beter bestand tegen de verwachte klimaatverandering.

Zo anders ging de herplant in Thijsses tijd, toen het primaire doel van de bosaanplant nog gezocht moest worden in de houtproductie. De term 'natuurlijke verjonging', wat wil zeggen dat een kapvlakte spontaan mag dichtgroeien met wat er maar opkomt, bestond nog niet. Spontane bosopslag was onkruid. Thijsse beschreef nauwkeurig hoe de bosverjonging destijds in zijn werk ging. In oktober en november werden de kegels van lariksen, sparren en dennen geplukt om ze bij duizenden naar Duitsland te verzenden.

Hier werden ze in speciale drogerijen gedroogd waarna de beste zaden werden uitgezocht die vervolgens op speciale kweekakkertjes werden uitgezaaid. Op de dassenboomheuvel, ergens in de bossen rond de Hettenheuvel die we gisteren hebben gezien, zouden een paar van zulke akkertjes hebben gelegen. Zodra de boompjes hun tweede of derde levensjaar bereikt hadden, werden ze vervolgens in rechte rijen uitgeplant in de gereedgemaakte bosvakken. Anders dan vandaag de dag gebeurde dit in rijen van dezelfde soort en leeftijd[1].

Afbeelding 34 *Kapvlakte met jonge loofbosaanplant*

Lang zag men onder het mom van 'geïntegreerd bosbeheer' af van grootschalige kaalkap in het Nederlandse bos. Meer recent is kaalkap opnieuw een politiek heikel punt geworden. Toch vormen kapvlakten een systeem dat niet is te vergelijken met enig andere begroeiing. In natuurlijke, Europese bossen bestaat ook zo'n 15% uit open terrein[13]. Eerder zagen we al de bochtige smele en de rankende helmbloem op een kleine kapvlakte op de Galgenberg, maar ook talloze andere soorten van open gebieden komen hier voor. Het verschil tussen kapvlakten en andere open landschapstypen is het tijdelijke karakter. Kapvlakten groeien ofwel weer dicht met bos, of gaan door gericht beheer over in een ander type open landschap, zoals bijvoorbeeld heide. De plantengemeenschappen die op kapvlakten groeien – gemeenschappen binnen het wilgenroosje-verbond[4] – profiteren zoals al eerder is beschreven van het tijdelijk massaal vrijkomen van voedingsstoffen uit de verterende strooisellaag en verterende stobben. Daarom vormen zij een uniek ecosysteem met een geheel eigen biodiversiteit.

Tussen de jonge loofbosaanplant rijzen de prachtige witte en roze pluimen van de gladde (*Holcus mollis*) en de gestreepte witbol (*Holcus lanatus*) op, en vanuit de warme struisgrasbegroeiing (*Agrostis capillaris*) zingen vele bruine sprinkhanen (*Chorthippus brunneus*) de zon tegemoet. Maar niet alleen grassen komen veelvuldig op de kapvlakte voor, ook bloemplanten vinden we er in vele soorten en maten. Langs het pad tref ik de witte honingklaver (*Melilotus albus*) met zijn prachtige witte bloemen, maar ook soorten die eerder op akkers verwacht mogen worden zoals de bleke klaproos (*Papaver dubium*) doen het er goed. Wellicht de meest voorkomende bloemplant op de kapvlakte is het Jacobskruiskruid (*Jacobaea vulgaris*) dat we ook al zagen in het bremveld.

Afbeelding 35 *V.l.n.r. Gestreepte witbol, gewoon struisgras, witte honingklaver en bleke klaproos*

Dankzij deze prachtige, gele plant zie ik pas echt het belang van de kapvlakte voor een breed spectrum aan wilde bijen. Zowel op de grond levende bijensoorten, zoals zijdebijen (*Colletes spec.*), als dood-houtbijen zoals de tronkenbij (*Heriades truncorum*) komen hier naast elkaar voor. En juist die tronkenbijen zijn echt de typische kapvlaktebewoners. Dit kleine bijtje is namelijk voor de eileg afhankelijk van tronken, ofwel boomstobben. Voor het voedsel is zij afhankelijk van stuifmeel van composieten[92], en laat die twee nu eens gebroederlijk in elkaars nabijheid aanwezig zijn op kapvlakten. Het liefst hebben ze wel een oudere kapvlakte, juist omdat stobben niet onmiddellijk nadat de boom is omgezaagd geschikt worden bevonden. De stobben zitten dan vol met hars en zijn bovendien massief, geen gaatje of gangetje is erin te vinden om eitjes te leggen. Daarvoor hebben de kleine tronkenbijtjes de hulp nodig van houtkevers zoals diverse soorten boktorren[92]. Wanneer deze hun eitjes hebben afgezet op de stobben en hun vraatzuchtige larven een netwerk van smalle gangetjes door de stobbe hebben gegeten, is deze gereed als tronkenbijenwoning.

Op dat moment beginnen de bijtjes met de eileg. Per eitje wordt een eigen cel gebouwd in het oude kevergangetje. De tussenschotjes van de verschillende cellen worden gemaakt van hars die de bijtjes van boomknoppen uit het omliggende bos halen[92]. De laatste cel wordt afgesloten met een klein dekseltje van hars gemengd met zandkorreltjes en/of blaadjes[92]. De houtkevers hebben op de tronkenbij een verge-

Afbeelding 36
Zijdebij (boven) en tronkenbij (onder)

lijkbaar effect als de zwarte specht dat heeft op de holenduif. De wereld van de geleedpotigen is een miniatuur van de wereld van vogels en zoogdieren; er zijn erg veel overeenkomstige relaties tussen soorten te vinden. Dit zagen we al bij de duizendpoten en oorwormen in de dode beuk, en nu zien we het weer bij de tronkenbijen en de houtkevers.

11.5 Het braamstruweel

Vanaf de kapvlakte sla ik linksaf een zandweg in met een hoog braamstruweel in beide bermen. De zandweg, Boterweg geheten, loopt langs bossen zowel als kapvlakten wat ervoor zorgt dat de berm een floristisch paradijsje is. Op de plaatsen waar de zandweg langs kapvlakten loopt, is het wilgenroosje (*Chamerion angustifolium*) met zijn roze bloemen het meest aanwezig terwijl op de meer schaduwrijke plekken het knopig helmkruid (*Scrophularia nodosa*) dominant is. Maar voornamelijk dat braamstruweel is prachtig. Op veel plekken in het Montferland kwam ik braamstruwelen tegen, maar nergens zo groot als hier. Ook Thijsse schreef al over de aanwezigheid van 'braambosschen'. Hij beschreef nog hoe hij een vijftal jongens zag eten van de bittere bramen die nog niet rijp waren, en dat hij ze een plaats had gewezen in een zesjarig dennenbos waar de bramen al wel rijp waren[1]. Zoals al te lezen viel in 9.3 kan een braamstruweel erg rijk zijn aan insecten. Vlinders, wespen, hommels en bijen, maar niet alleen de bloembezoekers zijn te vinden in het struweel.

Uiteraard zijn er ook soorten die te vinden zijn op de vruchten, maar deze zijn nog niet rijp. Wel heb ik het geluk om een aantal soorten van een typische insectenorde te vinden die volledig zijn aangepast op het drinken van plantensap: het zijn de snavelinsecten (*Hemiptera*), waaronder de wantsen. De orde dankt zijn naam aan de bijzondere vorm van de monddelen. Geen kaken of tong, slechts een snavelachtige holle buis om sap mee op te zuigen. Veel wantsen zuigen plantensap op, maar er zijn ook roofwantsen die het sap uit hun prooien zuigen. Maar juist doordat deze 'snuit' vaak onder het lichaam zit, worden de diertjes nogal eens verward met kevers, vooral wanneer ze nog niet volwassen zijn.

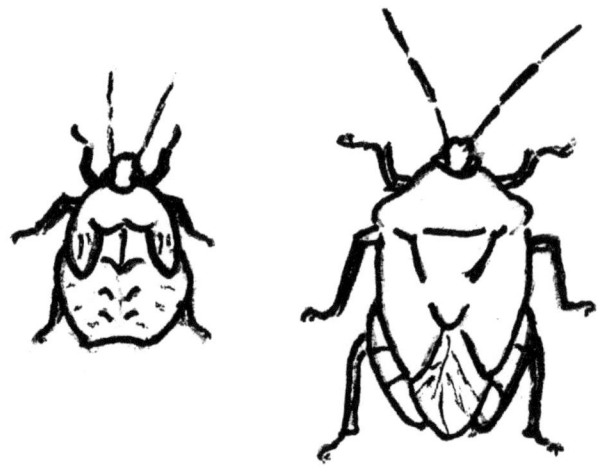

Afbeelding 37 Nimf (links) en volwassen individu (rechts) van de groene stinkwants

Laat me dit misverstand uit de wereld helpen. Kevers dragen altijd twee harde dekschilden over hun vleugels. Is er een deel van de vleugels zichtbaar of zijn dekschilden geheel afwezig, dan is er geen sprake van een kever, maar heb je met een wants van doen. Doordat wantsen net zoals sprinkhanen een onvolledige gedaanteverwisseling ondergaan, wat wil zeggen dat ze niet zoals vlinders van een rups via een popstadium in een volwassen dier veranderen, hebben de jonge individuen nog geen vleugels[93]. De beginnetjes van de vleugels zijn op de grens van het borststuk en het achterlijf bij de zogeheten nimfen echter al wel aanwezig. Vervelt de wants voor de laatste keer, dan komen zijn vleugels tevoorschijn en kan het diertje naar een andere plant vliegen als de plant waar hij opgroeide overbevolkt dreigt te raken.

De grotere wantsensoorten die we in het braamstruweel vinden zijn de groene stinkwants (*Palomena prasina*) en de pyjamaschildwants (*Graphosoma italicum*). De eerste is groen van kleur en dankt zijn naam aan zijn bijzondere afweermechanisme. De beestjes produceren namelijk een erg smerig ruikende substantie die uit de zijkant van hun borststuk komt zodat roofdieren wel een tweede keer nadenken als ze het dier willen verschalken. Wanneer een dergelijke wants over een braamvrucht heeft gelopen is de bittere nasmaak vaak zelfs nog te proeven. De pyjamaschildwants echter is roodzwart gestreept waardoor hij op het eerste oog juist meer zou opvallen voor roofdieren. Vaak betekenen zulke felle kleuren echter dat het diertje giftig is en vormen zij een waarschuwing voor roofdieren. Later, lees 13.1, zal ter sprake komen dat dit echter niet altijd zo hoeft te zijn en dat waarschuwen alleen soms al genoeg kan zijn om niet gegeten te worden.

Het voorkomen van de pyjamaschildwants op de braamstruwelen vertelt dat er een schermbloemige in de directe nabijheid moet groeien, want enkel van die plantengroep zuigen ze het sap[94]. Na een korte zoektocht vind ik inderdaad zevenblad (*Aegopodium podagraria*) tussen de bramen, hoewel deze al wel is uitgebloeid. Er bestaat geen mogelijkheid dat Thijsse de prachtige, zwartrode wants ook heeft kunnen bewonderen. In 1896 kwam het diertje nog niet voor in Nederland, het klimaat wat hier destijds heerste was te koel. Pas sinds 2003 is de pyjamaschildwants bezig aan zijn opmars naar het noorden[95]. Door de klimaatverandering komen er jaarlijks vele nieuwe plant- en diersoorten vanuit het zuiden naar ons land terwijl er tevens soorten naar het noorden wegtrekken[96]. Zo verschenen de laatste decennia veel zuidelijke soorten in ons land. De wespspin, de vuurwants, de bijeneter, het zuidelijk spitskopje en zelfs de goudjakhals, wie weet wat er in de nabije toekomst nog zoal ons land zal bevolken. De Europese bidsprinkhaan? De scharrelaar? De flamingo? De tijd zal het leren.

12 De Keulsche Slagen

12.1 Bosrandsoorten

Het pad met zijn brede braamstruwelen voert naar de oostelijke bosrand met zijn rijk bloeiende akkers. De reptielencorridor die we al zagen bij het distelveld en de uitkijktoren begint hier. Mede dankzij deze corridor, waardoor de bosrand zowel uit open terrein als uit gesloten bos bestaat, is het terrein een uiterst soortenrijke omgeving. Een klein, heideachtig terreintje is begroeid met een vegetatie van pijpenstrootje en schapenzuring. Hele wolken van kleine, oranje vlindertjes fladderen op de grens tussen de bloeiende akkertjes en dit veldje: het zijn kleine vuurvlinders (*Lycaena flaeas*).

Afbeelding 38 *Kleine vuurvlinder op gele ganzenbloem*

Deze vlinder heeft zowel de heidebegroeiing als de akkertjes nodig voor zijn levenscyclus. In de akker staan veel gele ganzenbloemen, die we ook al zagen in de akker naast het Peeske, en juist deze bloem lijkt erg in trek te zijn bij de vuurvlinders. En niet alleen bij hen, ook het boomblauwtje dat in de bossen zo veelvuldig voorkomt, doet zich maar al te graag tegoed aan de zoete nectar van de akkerflora. De vuurvlinder heeft echter ook een plant nodig om eitjes op af te zetten, en dat is juist de schapenzuring die op het heideveldje groeit[97]. Zo maakt het dat juist deze overgang een ideale biotoop vormt voor de kleine, oranje vlinders.

Behalve de vuurvlinders vinden we nog vele andere insecten in de bosrand. Een vergeten houtstapeltje is omgebouwd tot mierenhoop door rode bosmieren, vanuit een strooiselrijk jong eikenbosje weerklinkt het luide getjjilp van boskrekels, en talloze sprinkhaansoorten zingen van tussen de schrale vegetatie.

Het meest opvallende echter zijn de vele honderden kleine gaatjes in de grond. Op een smal zandweggetje dat over het heideveldje voert, lijkt de bodem haast op een vergiet door de overvloed aan kuiltjes in de grond. Ik besluit de wacht te houden bij een van de gaatjes, en na enige tijd komt er een bijtje aangevlogen dat zo spoedig mogelijk naar binnen gaat: het is de pluimvoetbij (*Dasypoda hirtipes*). De leefwijze van het bijtje heeft veel weg van die van de eerder beschreven tronkenbij, alleen maakt de pluimvoetbij geen gebruik van kevergangen in hout, maar graaft zij zelf een diepe verticale gang de grond in die tot wel 110 cm diep kan worden[98]. Haar opvallend brede achterpoten, waar ze tevens haar naam aan te danken heeft, gebruikt ze zowel bij het intensieve graafwerk als bij het vervoeren van stuifmeel naar de broedcellen in de onderaardse gang. Net als de kleine vuurvlinder heeft ook de pluimvoetbij de kruidenrijke akkers rond het bosgebied nodig, want ook zij lijkt voornamelijk zeer dol te zijn op de gele ganzenbloemen.

Afbeelding 39 *De pluimvoetbij naast de ingang van haar nest*

Terwijl ik mij aan het vergapen ben aan het op en neer vliegen van pluimvoetbijen, klinkt vanuit de naastgelegen akker een typische vogel van dergelijke terreinen: de kwartel (*Coturnix coturnix*). Velen zullen niet weten dat deze vogel, waarvan vele gekweekte varianten in volières worden gehouden, ook jaarlijks met een paar duizend paartjes in ons eigen land broedt[99]. Anders dan veel klassieke weidevogels broedt de kwartel in de zomermaanden in plaats van in het voorjaar. Dit maakt hem extra kwetsbaar voor maaiwerkzaamheden waardoor hij over het algemeen vaker broedend wordt aangetroffen in kruidenrijke graanakkers dan in weidevogelgebieden. Het is een erg opportunistische vogel qua voedsel: zowel plantenzaden als insecten eet hij maar al te graag. Door zijn opportunistische voedselkeuze in combinatie met zijn late broedtijd broedt hij ook nog weleens in gangbare akkerbouwgebieden met bijvoorbeeld aardappels of bieten[99].

Met uitzicht over het kwartelveld en toch in de loomte van het eikenbos zoek ik een plaats om te lunchen. Het uitbundige gezang van geelgorzen (*Emberiza citrinella*) en boompiepers (*An-*

thus trivialis) sluit prachtig aan bij de kwartelroepjes en het krekelgetjilp. Boerenzwaluwen (*Hirundo rustica*) die hun nesten hebben in nabijgelegen boerderijen filteren de lucht boven de akker van muggen en zo nu en dan zingt een grote groene sabelsprinkhaan (*Tettigonia viridissima*) een aantal seconden vanuit het hoge graan. Zo blijkt maar dat behalve de Montferlandse bossen zelf ook vooral die bosrandstreek buitengewoon aangenaam is. Ik besluit na de lunch de reptielencorridor te volgen naar de bossen die ten westen van deze corridor liggen. Spijtig genoeg zijn de reptielen amper zichtbaar zo midden op de dag, de dieren zoeken dan liever verkoeling in de bosrand.

12.2 Samenwerkingsverband tussen bomen en schimmels

Al zoekend naar reptielen vind ik in het strooisel van een stukje eikenbos de regenboogrussula (*Russula cyanoxantha*). De schimmel waar deze zwam onderdeel van uitmaakt, werkt op een unieke wijze samen met de bomen, het is namelijk een zogeheten ectomycorrhiza-schimmel[100]. Thijsse beschreef dit unieke fenomeen ook al. Hij verwonderde zich erover dat de vliegenzwam eigenlijk altijd in de directe nabijheid van de berk groeit en zag tevens dat een berkje dat hij had meegenomen om in zijn tuin te planten er veel minder goed bij stond dan de jonge berkjes in het bos, juist omdat hij bij het uitsteken van het berkje vermelde dat de wortelkluit als droog zand van de wortels was afgeglipt waardoor er geen typische berkenschimmels meer aanwezig waren rond zijn wortels. Thijsse legde de wonderlijke relatie die bomen met schimmels hebben dermate goed uit dat ik enkel zijn stuk citeren kan:

'Ze hebben geen fijne wortelhaartjes. Ze hebben ze ook niet nodig. Ze behoeven niet elk aardkruimpje zijn laatste waterdeeltje en zijn laatste beetje voedingszout af te persen. Daar hebben ze handlangers voor en dat zijn niets anders dan die fijne bijna onzichtbare schimmeldraadjes van de zwamvlok.

Die zuigen water en voedende stoffen op en deelen dat alles heel broederlijk met de groote boom, die in ruil daarvoor aan zijn onderaardsche vriend, de zwamvlok, een beetje van 't lekkers afstaat, dat hij zelf hoog in de warme zomerlucht met behulp van de stralende lichtzon in zijn naalden weet te bereiden. Een vreemdsoortig bondgenootschap![1]'

Afbeelding 40 *Het ondergrondse mycorrhizanetwerk van de regenboogrussula*

Schimmels die een dergelijke voedselrelatie hebben met bomen vallen onder de '*mycorrhiza*-paddenstoelen'. Het voordeel van de *mycorrhiza*-samenwerking is dat plantenwortels zijn aangesloten op de veel dunnere schimmeldraden die de kleinste poriën in de bodem weten te benutten om voedingsstoffen vrij te maken[101]. Eén theelepel bosgrond kan maar liefst een kilometer schimmeldraden bevatten. De *mycorrhiza*-schimmels zijn vervolgens weer onder te verdelen in *endomycorrhiza* en *ectomycorrhiza*. Bij de *endomycorrhiza*-schimmels groeien de schimmeldraden tot in de plantenwortels. Deze schimmels zijn niet kieskeurig als het gaat om welke plantensoort ze verkiezen, maar blijven een individuele plant meestal wel trouw tot aan zijn dood[102].

De *ectomycorrhiza*, waar bospaddenstoelen zoals de door Thijsse gevonden vliegenzwam en de door mij gevonden regenboogrussula toe behoren, groeien niet tot in de boomwortels. Deze vormen een netwerk rond de boomwortel en zijn vaak gebonden aan een of enkele boomsoorten[102]. Vaak zijn er meerdere individuele bomen aangetakt op het *ectomycorrhiza*-netwerk, wat ervoor zorgt dat een bos als geheel in wezen met elkaar verbonden is via het netwerk van ondergrondse schimmeldraden. In Thijsses tijd was nog niet bekend dat de boom/schimmelrelaties veel verder gaan dan enkel de uitwisseling van suikers en voedingszouten.

Het blijkt nu zelfs zo te zijn dat oude 'moederbomen' hun zaailingen voeren via het schimmelnetwerk. Peter Wohlleben, Duitse boswachter en schrijver van de bestseller 'Het verborgen leven van bomen' beschreef hoe hij in vroegere jaren eens een aantal jonge beukjes had geringd om meer dood hout te creëren, toen hij moest concluderen dat de boompjes, tegen alle verwachtingen in, in leven bleven. Het was uiteraard niet mogelijk dat ze zelf suiker produceerden om naar hun wortels te vervoeren, want bij het ringen van een boom worden de bastvaten onderbroken (lees 2.2). De jonge beukjes werden gevoed door omringende oude beuken waardoor zij voldoende energie hadden om de ringwond weer geheel te overgroeien en weer konden deelnemen aan de suikerproductie. Als een soort sociaal vangnet fungeren de omringende beuken. Vanessa Bursche van de Rheinische-Westfälische Technische Hochschule in Aken stelde volgens Wohlleben vast dat in een ongestoord beukenbos iedere individuele boom precies een gelijke hoeveelheid suiker produceert. Of het nu een zaailing in de volle schaduw betreft of een woudreus in het volle licht; gemiddeld zou de productie per blad gelijk zijn. Voor de fotosynthese is echter zonlicht nodig, dus zou logischerwijs verwacht mogen worden dat de productie in hoge woudreuzen in het volle licht vele malen hoger zou liggen dan in bomen in de schaduw. Dat dit dus niet zo bleek te zijn, hangt ermee samen dat de beuken eerlijk al hun geproduceerde suiker met elkaar delen. Dit is maar goed ook, want er hoeft maar één beuk om te vallen en het schaduwrijke microklimaat wordt onderbroken waardoor de bast van naastgelegen beuken op zonnige dagen kan verschroeien en ook zij sterven[103].

Behalve voor het voeden van jonge bomen wordt het netwerk ook door stervende bomen benut om vrijkomende voedingsstoffen in de stervensfase eerlijk te delen met omringende bomen. Maar het wordt nog gekker, bomen zijn zelfs in staat boodschappen te versturen via het netwerk naar omringende bomen. Is er bijvoorbeeld een rupsenplaag, dan kan aan andere bomen worden medegedeeld dat het verstandig is het loof bitterder te maken zodat ze niet worden aangevreten[104].

Het 'wood wide web' van ondergrondse schimmeldraden is dan ook in sterke mate te vergelijken met ons internet, en net zoals wij daar maandelijks voor betalen, kost het de bomen ook een behoorlijke duit om aangesloten te blijven. Zoals Thijsse al beschreef moeten bomen een deel van de productie in de naalden of bladeren afstaan, en inmiddels is bekend dat dit tot ruim een derde van de jaarlijkse glucoseproductie kan oplopen[103]. En net zoals ons internet is ook het wood wide web kwetsbaar voor het aftappen van data[104]. Thijsse beschreef hoe hij een groep stofzaadplanten had uitgegraven om dit te illustreren. Stofzaad (*Monotropa hypopitys*) is een parasitaire plant die zelf geen bladgroen maakt en dus niet aan fotosynthese kan doen. Thijsse groef ze dus uit en kwam tot de conclusie dat hij vrijwel nergens in verbinding bleek te staan met dennenwortels. Hij zat vast aan het schimmelnetwerk en tapte via het schimmelnetwerk glucose af[1].

Het wood wide web is zelfs zo complex dat verschillende boomsoorten aan dezelfde soorten schimmels aangesloten kunnen zitten[103]. Zo is er eens een beuk ingeënt met radioactieve koolstof en bleek dit via het schimmelnetwerk over te gaan op een naburige douglasspar[103]. Hoewel de kennis over het wood wide web al veel groter is dan in 1896 worden deze netwerken nog volop onderzocht omdat er nog veel onbekend is. Wat gebeurt er bijvoorbeeld als de douglasspar wordt gekapt? Logischerwijs kan ervan worden uitgegaan dat de schimmel dan dus minder glucose 'betaald' krijgt. Vraagt de schimmel dan de beuk om nog meer glucose? Sluit hij aan op een andere boom, of kan hij zelfs sterven waardoor de beuk op zijn beurt ook weg kan kwijnen doordat de schimmel hem geen voedingsstoffen meer geeft?

Het lijkt zo erg niet dat we dit uiterst complexe systeem nog niet geheel begrijpen, maar schijn bedriegt. De *mycorrhiza*paddenstoelen blijken erg slecht tegen stikstofneerslag te kunnen waardoor het voortbestaan van onze bossen in het geding lijkt te komen als we niet goed doorhebben hoe bomen en schimmels precies samenwerken. Tot wel negentig procent van zowel de ondergrondse schimmelnetwerken als de vruchtlichamen is ten opzichte van het einde van de tachtiger jaren uit onze bossen verdwenen[9]. Doordat schimmelnetwerken op deze manier dus minder goed in staat zijn om nutriënten uit microporiën in de bodem vrij te maken voor consumptie door bomen, versterkt de afname van *micorrhyza*schimmels het voedselgebrek wat door stikstofdepositie sowieso al optreedt (lees 3.1). Nog maar weer een reden om echt snel iets te doen aan de overvloedige stikstofneerslag.

De afname van *micorrhiza*schimmels heb ik helaas zelf ondervonden. In vroegere jaren ging ik nog wel eens met mijn ouders en zus voor de avondmaaltijd hanenkammen (ook cantharellen genoemd) zoeken in de bossen van het Dwingelderveld. In goede jaren kwamen we met een hele zak terug, overal groeiden de prachtige, gele paddenstoelen. Nu staan ze als gevoelig op de rode lijst[105] en ben ik al blij als ik er een of twee tegenkom, laat staan dat ik ze ooit nog zal plukken voor consumptie. De door Thijsse in het Montferland waargenomen paddenstoelsoorten (Hanenkam, valse hanenkam, gele ringboleet, bruine ringboleet, eekhoorntjesbrood en vliegenzwam) komen, volgens de verspreidingsatlas van de NDFF, gelukkig nog altijd wel voor in de Montferlandse bossen, alleen heb ik ze niet aangetroffen omdat vele van hen juist in de najaarsperiode verschijnen.

Het feit dat al deze soorten nog aanwezig zijn, doet hoopvol stemmen. Wanneer er snel maatregelen worden genomen om de stikstofuitstoot terug te dringen kan het wood wide web in al zijn complexiteit opnieuw grootschalig worden aangelegd waardoor het bos als systeem sterker wordt dan het vandaag de dag is. Het stofzaad wat Thijsse nog in het Montferland trof, de unieke parasitaire plant zonder bladgroen, is spijtig genoeg wel verdwenen. Lokaal komt hij nog voor in de duinen, op de wadden en op enkele geïsoleerde plekjes op de Veluwe[106]. De oorzaak van zijn verdwijning is niet geheel bekend, maar de kans is groot dat vermesting en vergrassing/verruiging de doodsteek vormden voor de Montferlandse stofzaadplant[106].

Ook uit het hele stikstofprobleem blijkt maar weer dat we erg weinig weten over het complexe functioneren van het ecosysteem. Wie had er nu toch verwacht dat het uitrijden van kunstmest en het verbranden van aardolieproducten ertoe zouden leiden dat de communicatie van bomen in het geding komt? Hoe meer we weten, hoe meer we nog moeten leren, zo blijkt maar weer. Ik besluit de regenboogrussula te laten voor wat hij is en de reptielencorridor in westelijke richting over te steken.

12.3 Stinkende bosbloemen

Opnieuw een adembenemende afwisseling van enorme douglassparren en her en der een stuk eiken-beukenbos bevindt zich aan weerszijden van het pad. De bermen kleuren prachtig door een afwisseling van bloeiende gewone klitplanten (*Arctium minus*), haagwinde (*Convolvulus sepium*), dagkoekoeksbloem (*Silene dioica*), robertskruid (*Geranium robertianum*) en bosandoorn (*Stachys sylvatica*). Die laatste had ik hier nog niet eerder gezien. Bosandoorn is een prachtig ogende lipbloemige, maar waag het niet eraan te ruiken. De bloemen brengen allesbehalve een aangename geur voort, een wonder op zich dat de soort überhaupt bestoven wordt. Hij hoort echt bij deze oude eiken-beukenbossen. Voornamelijk in de bermen komt hij veel voor.

Afbeelding 41 *Bosandoorn*

Zodra er naaldbos groeit aan weerszijden van de boswegen is hij in geen velden of wegen kenbaar, maar komt het eiken-beukenbos weer in zicht, dan verschijnt de paarse stankbloem met zijn vierkante stengel al spoedig weer in de bosberm. Juist als ik neergekniel zit te kijken naar de bosandoornen valt mij een klein, maar opvallend plantje op met paarse bloemen: de gewone brunel (*Prunella vulgaris*). Vanwege de opvallende 'bol' waar de bloemen uit voortgroeien, wordt deze van oorsprong Midden-Europese soort ook gekend onder de naam bijenkorfje.

12.4 Zaadeters

Als vanuit het niets hoor ik van bovenuit de hoge lariksen in-eens de roepjes van vele sijzen (*Spinus spinus*). Ze zijn klaar-blijkelijk net aan komen vliegen om zich tegoed te doen aan de zaden die in de larikskegels verstopt zitten. Het geluid van hele zwermen sijzen is echt een geluid van het winters lariks-bos, maar ook in uitgestrekte elzen- en berkenbossen kunnen ze voorkomen om de zaden uit de elzenproppen te halen. Hun kegelvormige snaveltje is goed aangepast om bij dergelijke, moeilijk bereikbare zaden te kunnen komen waardoor ze in tegenstelling tot andere zaadetende zangvogelsoorten juist in bossen met de genoemde boomsoorten veelvuldig voorkomen. In het broedseizoen komen de sijzen minder in ons land voor, ze verkiezen het noordelijk taigawoud boven onze naaldbossen waardoor er vaak niet meer dan vijfhonderd paartjes in ons gehele land tot broe-den komen[107]. In de wintermaanden zijn ze vaak talrijker, tot wel driehonderddui-zend exemplaren, juist omdat vrijwel alles wat de mogelijk-heid heeft om te ver-trekken het ijzige noordelijk taigawoud dan ontvlucht. Er zijn echter ook van die ja-ren, dat de sparren en coniferen in dit woud erg weinig vrucht ma-ken, en dan kunnen de sijzen massaal broeden in de Neder-landse naaldbossen[107].

Afbeelding 42 *De kruisbek en de sijs; twee aan naaldboomzaden aangepaste vogelsoorten*

Eenmaal doorgelopen naar het paadje over de reptielencorridor in het Bergerbos, tref ik opnieuw een grote zwerm zaadetende naaldbosvogels aan. Dit zijn niet de sijzen, maar de kruisbekken (*Loxia curvirostra*). Hoewel deze broedvogel iets algemener voorkomt dan de sijs, zijn ook zij een ware zeldzaamheid met de laatste jaren een ruime drieduizend broedparen per jaar[108]. Om het even in context te plaatsen: bedreigde weidevogelsoorten zoals de grutto (*Limosa limosa*) en de wulp (*Numenius arquata*) komen voor met respectievelijk 38.000[109] en 4800[110] broedparen.

Thijsse schreef ook al over de aanwezigheid van kruisbekken in de Montferlandse bossen. Destijds zullen ze nog veel zeldzamer zijn geweest dan broedvogels, juist omdat hun biotoop destijds nog amper voorkwam in ons land. Maar juist bij deze noordelijke nomaden moet al snel duidelijk zijn geworden dat men de afgelopen eeuwen begon met de grootschalige aanplant van naaldbossen in Nederland. Wanneer het taigawoud weinig zaden voortbrengt, trekt de gehele kruisbekkenbevolking naar het zuiden, van oorsprong naar de sparrenbossen van de Alpen en Pyreneeën, om daar te kijken of er genoeg zaden zijn gevormd. Al sinds jaar en dag doorkruisen ze hiervoor het Noordwest-Europese laagland, waar Nederland tevens toe behoort. Toen zo ergens in de 19ᵉ eeuw langzamerhand productiebossen met naaldhout werden aangelegd in ons land moeten de noordelijke migranten al spoedig in de gaten hebben gehad dat het ook in Nederland goed toeven is. En werkelijk, er is geen naaldbosvogel dermate goed aangepast aan de typische omstandigheden van het naaldbos als de kruisbek. Zoals zijn naam al doet vermoeden is zijn snavel op zo'n unieke wijze vormgegeven dat hij de nog onrijpe kegels van sparren, lariksen en dennen kan openen en alle andere zaadeters voor is. Wanneer er eens een goede winter voorkomt, is het schilspoor van het nomadenvolk redelijk eenvoudig in de sneeuw te herkennen. Is de verse sneeuw in een compleet perceel sparrenbos bezaaid met kegelschilletjes, dan zijn het de vaklui die gezamenlijk in de boomtoppen hebben gezeten om het gehele bos te pellen.

Met het gezang van vele kruisbekken op de achtergrond steek ik het paadje over de reptielencorridor in en volg ik het oostwaarts.

12.5 Hagedissen en ratenrovers

Ik besluit nog eens een poging te wagen om reptielen op te sporen in de strooiselrijke bosrand waar de diertjes op het midden van de dag vertoeven. De zon breekt door en het galmend concert van vele honderdduizenden ratelaarsprinkhanen (*Chorthippus biguttulus*) op de reptielencorridor barst los. In on-Nederlandse aantallen en dichtheden komt deze sprinkhaansoort hier voor. Zet ik één enkele stap naast het paadje, dan springt er een zevental kleine muzikanten op om na een aantal seconden van rust de deelname aan het orkest te hervatten.

De bosrand zelf, die gevuld is met dode takken en boomstobben, blijkt de plaats waar de sprinkhanenrovers wachten tot er eentje binnen bereik komt zitten. De eerste reptielen die ik ook daadwerkelijk zie, zijn levendbarende hagedissen (*Zootoca vivipara*). Anders dan zandhagedissen, die volgens voorbijgangers ook in deze regio zouden moeten voorkomen, weigert de levendbarende hagedis eieren te leggen en broedt deze ze in het eigen lichaam uit[111]. Dit maakt hem uitermate geschikt voor een leven in het, in ieder geval voorheen, koele gematigde zeeklimaat van Nederland. Geen gedoe met eieren die warmgehouden moeten worden zoals de zandhagedis daar wel een oplossing voor vinden moest (lees 17.1). Het dode hout in de bosrand warmt erg snel op zodra de zon doorbreekt waardoor de koudbloedige hagedissen al snel op temperatuur kunnen komen. Wanneer men langs zo'n zonplek loopt, schieten de hagedissen als vallende boomvruchten de omliggende graspollen in en hoeven ze niet binnen afzienbare tijd op dezelfde locatie terugverwacht te worden.

Een ronduit prachtige plek om het zomers leven in al zijn volheid te kunnen ervaren is deze bosrand. Nu ik de hagedissen

Afbeelding 43 *Wespendief en levendbarende hagedis op reptielencorridor*

nog maar net heb gezien, vliegt er aan de overkant van de reptielencorridor een grote roofvogel op vanaf de grond. Op het eerste oog lijkt hij op een buizerd, maar toch is hij spitser en langgerekter gebouwd. En eigenlijk is het ook geen echte roofvogel te noemen omdat hij door de evolutie veranderde in een insecteneter: het gaat hier over de wespendief (*Pernis apiforus*). Waar hij net als de andere grote roofvogels broedt in hooggelegen boomnesten foerageert hij veelal op kapvlakten, want juist de wespennesten die op dergelijke plaatsen in de ondiepe ondergrond liggen, zijn een belangrijke voedselbron voor het dier[112]. Vanaf een boomtak volgt hij individuele wespen om zo de locatie van het nest te achterhalen, en wanneer hij het nest gevonden heeft, vliegt hij naar de specifieke locatie toe om de raten uit het nest te halen. Door zijn uitzonderlijk dichte verenpak wordt hij zelden door de wespen gestoken. Eitjes en larven zijn het belangrijkste voedsel[112].

13 Het Pompstation: Derde bezoek

Het distelveld en de uitkijktoren zijn intussen niet ver weg meer. Reden te meer om daar maar weer eens te gaan kijken. Het is middag en het is zeer zonnig, in tegenstelling tot de vorige keer, dus hoop ik op een aantal nieuwe soorten op deze locatie. Geen woord blijkt er te weinig gezegd: wat een paradijselijke plaats, dit veld. Wolken dagpauwogen, citroenvlinders, bruine zandoogjes en ga zo maar door, alle vlindersoorten die ik er bij het eerste bezoek ook heb aangetroffen. Maar ook de gehakkelde aurelia, die we al zagen op het open plekje bij de Hettenheuvel, is nu hier aanwezig. En verder zeer grote aantallen zweefvliegen van allerlei soorten.

13.1 Mimicry

De blinde bij (*Eristalis tenax*) komt het meeste voor, maar juist nu ik deze zweefvlieg beter wil bekijken, word ik opgeschrikt door een roodgele verschijning voor mij. Gekleurd als een hoornaarwesp, en tevens zo groot, maar het is de stadsreus (*Volucella zonaria*). Het is voor insecten, die de basis vormen van de voedselketen van het bos, een slimme zet om zich op dergelijke wijze te verdedigen.

De zweefvliegen hebben de meest prachtige kleuren om roofdieren om de tuin te leiden. Sommige hebben veel weg van bijen, zoals de blinde bij, en andere lijken op hommels of wespen, of zelfs dus op hoornaars zoals de stadsreus. Wanneer een foeragerende grasmus of zwartkop ook maar eenmaal een flinke steek ontvangen heeft van wespen, hommels of bijen, laat hij het wel uit zijn hoofd ooit nog iets te eten wat daar ook maar een beetje op lijkt, zodat de zweefvliegen vrijuit gaan en zonder angst gegeten te worden hun waardevol bestuivingswerk kunnen vervullen. Dit zeer interessante fenomeen, waar een ongevaarlijk dier qua uiterlijk sterk lijkt op een gevaarlijk dier, staat beter bekend onder de noemer mimicry[113]. Zo benut het uiterlijk van zweefvliegen in wezen het geheugen van insectenetende vogels. Best interessant om te bedenken.

Afbeelding 44 *Dagpauwoog (linksboven) en stadsreus (rechts onder)*

Gelukkig ook maar dat de zweefvliegen niet veel gegeten worden, want ze vervullen evenals alle andere bestuivers een zeer belangrijke rol in de instandhouding van het ecosysteem. Het distelveld is als een fabriek om nieuwe distelvelden voort te brengen. Hele wolken distelpluis waaien de reptielencorridor in om daar nieuwe akkerdistelstruwelen te kunnen vormen. Is er daar eens een das aan het graven naar keverlarven, zal er kale grond ontstaan. Dan zal zich snel een nieuw distelveld kunnen vormen dat weer een even grote hoeveelheid insecten zal lokken als het huidige veld. Binnen het complete ecosysteem zijn het die kleine eilandjes als deze die zich verspreid in ruimte en tijd weten te vormen, als het ware als voedsel voor de rest van het systeem.

13.2 Blauwe juffers

Ik laat het distelveld achter mij en bezoek de plas. Bij de waterplas die hiernaast ligt, waar ik eerder al vele donderkopjes en jonge stekelbaarsjes aantrof, zie ik nu een kleine, blauwe juffer vliegen. Deze juffers zijn in het gehele land te vinden, maar bestaan niet uit enkel één soort zoals velen denken. De spits gebouwde juffertjes die veel voorkomen, zijn in een drietal soorten onder te verdelen: de azuurwaterjuffer, de variabele waterjuffer en de watersnuffel. Om het onderscheid te kunnen maken, kunnen we het best naar de breedte van de blauwe schouderstreep kijken. Is de blauwe schouderstreep breder dan de zwarte, dan gaat het waarschijnlijk over de watersnuffel. Is deze gevormd als een uitroepteken, dan hebben we de variabele waterjuffer voor ons, en is hij smaller dan de zwarte, dan gaat het om de azuurwaterjuffer (*Coenagrion* puella)[114]. Ook kunnen we kijken naar de vorm van het zwarte figuurtje op de overgang tussen borststuk en achterlijf. De soort die ik aantref, betreft de azuurwaterjuffer.

Spijtig genoeg heb ik de bosbeekjuffers die Thijsse beschreef niet meer aangetroffen. Deze soort is dan ook zeer kritisch en gebonden aan beschaduwd stromend, zuurstofrijk water, en laat nu juist dat niet meer aanwezig zijn. Gelukkig leven er nog wel vele andere libellen en juffers in de omgeving van de waterplas, maar ook erg ver uit de omgeving van open water scheren de libellen boven de vegetatie. De grotere libellen kunnen soms zelfs enige kilometers vliegen vanaf hun voortplantingswateren[115]. Zo kunnen zelfs de vele honderden steekmuggen die in de kleine waterplasjes in de maïskolven in de gortdroge maïsvelden zijn geboren uit de lucht worden gevist (bron: eigen waarneming). De kleinere soorten, zoals de azuurwaterjuffer bij de plas, beperken hun voedseltochten vaak tot enkele honderden meters rond het water. De juffer vliegt naar de naastgelegen berm waar hij op het blad van de gewone berenklauw (*Heracleum sphondylium*) rust.

Vlak naast het ven staan namelijk een aantal imposante exemplaren van deze plant. Hij is met geen mogelijkheid te verwarren met de exotische Amerikaanse berenklauw die zulke

Afbeelding 45 *Gewone berenklauw met azuurwaterjuffer*

nare wonden kan veroorzaken als hij wordt aangeraakt. Nee, de inlandse berenklauw is teder en heeft een vergelijkbaar bloemscherm als het fluitenkruid (*Anthriscus sylvestris*) en het zevenblad (*Aegopodium podagraria*). Het meeste heeft hij echter weg van de Engelwortel (*Angelica sylvestris*), met als verschil dat de berenklauw een behaarde stengel heeft, terwijl de engelwortel kaal is. Tussen de hoog oprijzende bloemschermen van de berenklauw steken iele, witte bloempjes tussen het gras uit. Het is de grote muur (*Stellaria holostea*), een echte plant van loofbossen en bos- en struweelranden. Anders dan de vogelmuur (*Stellaria media*) die ook in menig moestuin groeit, zijn de bloemen van de grote muur opvallender en groter. Samen met het robertskruid (*Geranium robertianum*) kleurt hij de bermvegetatie prachtig.

14 Het Bergerbos

Mijn terugweg naar het Peeske onderneem ik in de vorm van een omweg, een omweg door het bosgebied waar ik tot nu aan toe alleen doorheen ben gefietst en gelopen om het voormalig pompstation te bereiken. Dit is het Bergerbos. Door dit bosgebied loopt een rechte weg naar de Peeskesweg die ik al vaak had bezocht, maar juist de bossen daar omheen had ik nog geen nadere aandacht geschonken. Het is hoog tijd om ook deze terreinen eens te onderwerpen aan een bezoek. Voornamelijk fijnsparren (*Picea abies*) en lariksen (*Larix spec.*) bepalen hier het toneel. En zoals overal in het gebied staan beide boomsoorten op sterven door de vraatzuchtige bastkevers en de droogte. Maar het is ook waar, dat hier nog grote oppervlakten gezond naaldbos liggen met een dichte ondergroei van bochtige smele (*Deschampsia flexuosa*), pijpenstrootjepollen (*Molinia caerulea*) en lokaal dichte wouden van adelaarsvarens (*Pteridium aquilinum*). Vanuit de hoge lariksen, die ik schat op een hoogte van boven de dertig meter, roept een jonge buizerd. Zijn ouders hebben er niet verkeerd aan gedaan dit bos als broedgebied te verkiezen. Zo immens uitgestrekt is het hier, en geen menselijke ziel te bekennen in de wijde omtrek. De recreanten kiezen toch liever de rechte weg die ik tot nu toe ook alleen had gebruikt. Klaarblijkelijk is dit bos niet aantrekkelijk genoeg, of men is gewoon bang om te verdwalen.

14.1 Boshoning

Maar hoewel dit homogene lariks- en sparrenbos er op het oog weinigbelovend uitziet, spelen zich ook hier unieke verhalen af die beslist verteld moeten worden. Want hoe vreemd is het dat

er vanuit de larikstoppen een eindeloos gezoem van vele duizenden honingbijen weerklinkt? Naaldbomen zijn toch wind-
bestuivers die geen enkele bloem dragen waar een insect ook
maar een druppel nectar uit kan drinken? Hun aanwezigheid
heeft echter alles te maken met het vee dat talloze mieren daar
hoog in de boomtoppen houden (lees 4.4): de bladluizen. Zoals
we al eerder zagen bij het bosmierennest houden de mieren deze
luizen voor de zoete honingdauw die ze produceren bij het eten
van bladeren en naalden. In de boomtoppen zit nu eenmaal veel
meer suiker dan aminozuren die de bladluizen nodig hebben,
waardoor ze het overschot aan suiker uitscheiden als honingdauw.
En honingbijen zijn net zo dol op deze honingdauw als de mieren, ze nemen het mee voor de honingproductie in de bijenkas-
ten van de imker. Veel imkers zullen het echter betreuren dat
er luis in de lariksen zit, want de honingdauw die hiervan afkomstig is, maakt de honing waardeloos en vies. Doordat er in
larikshoningdauw veel zogenoemd melizitose voorkomt, bestaande uit twee glucosemoleculen en een fructosemolecuul,

Afbeelding 46 *Uitgestrekt lariksbos in het Bergerbos*

kristalliseert de honing in de raten waardoor deze niet meer al te gemakkelijk gewonnen kan worden. Bovendien heeft de honing amper smaak. En in de kast laten zitten om de bijen erop te laten overwinteren, heeft ook geen zin. De larikshoning wordt zo hard dat ze telkens water nodig zullen hebben om het vloeibaarder te maken, en als buiten de vrieskou regeert, zullen bijen niet snel in staat zijn om water te gaan halen[116]. Waarom de bijen het verzamelen, is een groot raadsel. Misschien is de immens zoete geur van miljarden honingdauw-uitscheidende bladluizen gewoon onweerstaanbaar voor de diertjes. Misschien hangt het er wel mee samen dat juist door het monotone karakter van dit naaldbos de zoete lucht sterker is dan in een gemengd bos waar het maar vanuit enkele boomtoppen zo zoet ruikt. Niet elke boomsoort is even in trek bij de luizen tenslotte.

14.2 Over hommelboorders en vlinders die van kleur veranderen

Behalve in de boomtoppen zijn er natuurlijk ook erg veel insecten aanwezig in de berm van het pad. Opnieuw de akkerdistel en de valse salie blijken de sleutel te zijn tot deze rijkdom. Ik heb het geluk om behalve hommels en bijen een zeer markante vliegensoort te vinden die er een ronduit macabere levenswijze op nahoudt. Hij behoort tot de blaaskopvliegen (*Conopidae*), een parasitaire vliegenfamilie die het veelal op bestuivers heeft gemunt. De roestbruine kromlijf (*Sicus ferrugineus*), zoals de vlieg wordt genoemd, parasiteert op hommels. Terwijl de nijvere werkers van bloem naar bloem vliegen om hun trouwe bestuivingsdienst te vervullen, is het deze vlieg die met een speciaal ontwikkeld legorgaan het nietsvermoedende slachtoffer beetneemt om daarna met zijn legboor dwars door de hommelhuid heen te prikken zodat er eitjes afgezet kunnen worden in de hommel[117].

De natuur, en dan in het bijzonder de insectenwereld, blijkt bizarre levenswijzen te herbergen die allesbehalve vriendelijk genoemd kunnen worden. Hoewel je nu wellicht denkt dat deze vliegen bestreden zouden moeten worden omdat het al zo slecht gaat met onze bestuivers, zou ik het graag anders belichten. Het feit dat de roestbruine kromlijf hier kan leven, geeft aan dat er een dermate hoge dichtheid aan hommels is dat deze parasiet voldoende gastheren kan vinden om een populatie te vormen. Maar al te vaak wordt naar roofdieren gewezen als de oorzaak waarom prooidieren afnemen, maar het feit dat er roofdieren leven, geeft ook aan dat er juist voldoende prooidieren aanwezig zijn. Anders hadden zij immers te weinig te eten gehad. In natuurlijke situaties kunnen roofdieren nooit de populatie prooidieren reguleren.

Afbeelding 47 *Roestbruine kromlijf op akkerdistel*

Maar ook nu is het systeem complexer dan verwacht. Dit wil ik graag illustreren aan de hand van de welbekende weidevogelproblematiek. Het gaat al decennia zeer slecht met de typische weidevogelsoorten in Nederland. Grutto en kievit nemen snel af en de kuikenoverleving is erg slecht[118]. Logischerwijs komt dit door de intensivering van de landbouw en de diepontwatering, maar dat verklaart niet waarom er ook in speciale weidevogelreservaten sprake is van een afname. Sommigen zijn van mening dat de vos en de steenmarter hier de oorzaak van zijn, zij eten immers maar al te graag de jongen. De overtuiging is zelfs zo sterk dat er steenmarters in weidevogelgebieden worden afgeschoten[119] en vossen worden geweerd met speciale schrikdraadrasters[120]. Maar ook hier zou moeten gelden: als er roofdieren kunnen leven, hebben ze blijkbaar voldoende te eten en gaat het dus goed met hun prooien. Het complexe van dit vraagstuk schuilt echter in het feit dat vossen en marters niet alleen weidevogels eten, maar ook algemenere diersoorten waar er wel heel veel van zijn, denk aan de grauwe gans en de veldmuis. Ook zijn weidevogelgebiedjes doordat ze als kleine natte eilandjes in het diep ontwaterde, voor vossen zeer geschikte landschap liggen, veel gemakkelijker bereikbaar voor deze roofdieren. De regel dat het goed moet gaan met de prooidieren als de roofdieren floreren, gaat dus ook hier op. Alleen zegt het niets over de verhouding waarin prooidieren voor moeten komen. Al zijn er tienduizend veldmuizen en is de laatste grutto gevlogen, de vos heeft voldoende te eten.

Voor de roestbruine kromlijf kan dit echter niet gelden omdat dit dier een specialist is; hij heeft echt hommels nodig voor zijn voortplanting en neemt geen genoegen met bijen. Maar om uitspraken te doen over de staat van prooidieren aan de hand van de overleving van roofdieren moet het bovengenoemde wel in ogenschouw worden genomen.

Behalve roestbruine kromlijven vliegt er in deze berm een vlindersoort die ik nog niet eerder heb gezien tijdens mijn verblijf. Het gaat hier over het landkaartje (*Araschnia levana*). De vlinder dankt zijn naam aan het landkaartpatroon aan de onderzijde van de vleugels. Net zoals een drietal vlinders die we al eerder zijn tegengekomen – dagpauwoog, atalanta en gehakkelde aurelia – eten de rupsen van het landkaartje brandnetelbladeren. Het bijzondere van het landkaartje is dat er binnen de soort zogeheten seizoensdiformie voorkomt. Dit wil zeggen dat de eerste generatie, die in het voorjaar wordt geboren, er totaal anders uitziet dan de zomergeneratie. Zijn de landkaartjes die ik nu zie donkergekleurd, de vlinders uit de vroege lente zijn juist oranje met witte vlekjes aan de bovenkant van de voorvleugel[121]. Met enige regelmaat komt vandaag de dag ook een derde generatie voor en soms zelfs een vierde, en die zitten qua kleur tussen de voorjaars- en zomergeneratie in. De temperatuur en de daglengte waaraan de rupsen worden blootgesteld, bepalen de kleur van de vlinders waardoor de derde generatie vaak weer meer oranjeachtig gekleurd is, tenzij de zomer erg heet is.

Afbeelding 48 *Voorjaars- en zomervariant van het landkaartje. Ik trof de rechtervorm*

In Thijsses tijd was het landkaartje een ware zeldzaamheid in ons land[121], de kans is dan ook klein dat Thijsse de vlinder heeft aangetroffen. Vanaf de jaren dertig echter nam de soort door een nog onbekende reden explosief toe vanuit het oosten en zuiden, tot inmiddels zelfs de Waddeneilanden zijn bevolkt. Wellicht speelde de ontginning van de heidevelden en de daarmee samenhangende toename van brandnetelbegroeiingen een rol van betekenis, of de klimaatverandering.

14.3 Beukenmoordenaar

Het paadje door het hoge lariksbos komt weer uit bij de rechte weg naar de Peeskesweg, dus ga ik rechtsaf. Even naast het pad staat een prachtige beuk (*Fagus sylvatica*) aan de linkerzijde. Spijtig genoeg moet ik constateren dat hij niet lang meer te leven heeft. Een sluipmoordenaar die hem geleidelijk zal doen sterven, groeit aan zijn stam: de zwavelzwam (*Laetiporus sulphureus*). Deze zwam veroorzaakt bruinrot in het dode kernhout van de boom waardoor hij uiteindelijk zal uithollen en afsterven[122]. De zwavelzwam zal een gezonde beuk nooit kunnen aantasten, daarvoor moet hij

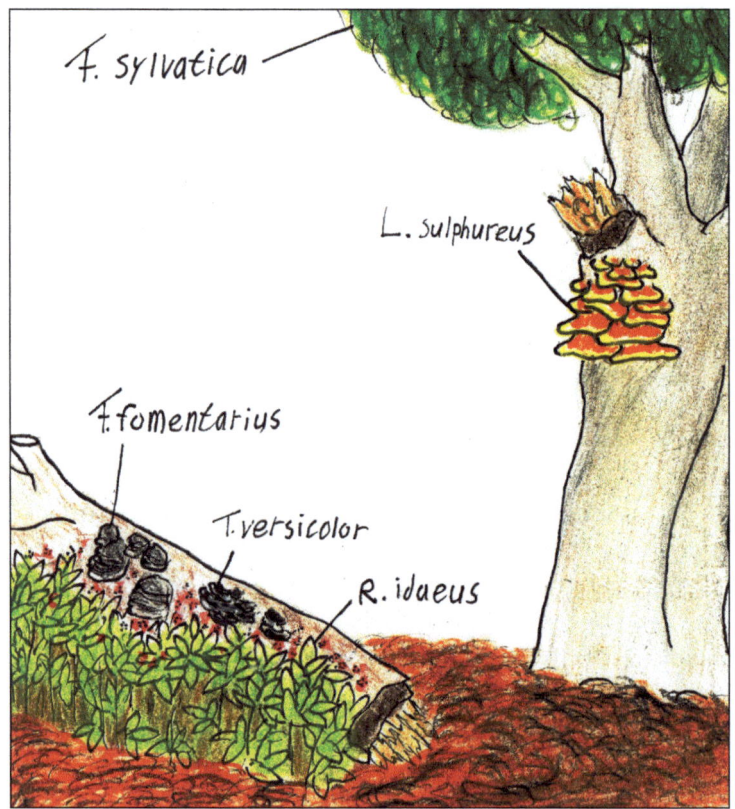

Afbeelding 49 *Beuk met afgevallen tak*

een grote open wond hebben van waaruit de zwam binnen kan dringen[122], en dat is bij deze beuk dan ook het geval. Tijdens een storm is een zware zijtak naar beneden gekomen waardoor er een groot gapend gat is ontstaan in de beuk. Zelden groeit de zwam op een beuk – vaker zijn (Amerikaanse) eiken het slachtoffer – maar klaarblijkelijk is deze beuk toch in trek. Dergelijke parasitaire zwammen doden vervolgens de boom waarmee ze een leefgebied creëren voor vele honderdduizenden schimmels en insecten die de boom tot de grond toe zullen afbreken, een proces wat vele jaren op zich kan laten wachten.

Op de zijtak die van de boom is afgewaaid, zijn de doodhoutschimmels al druk bezig met de afbraak. De echte tonderzwam (*Fomes fomentarius*) die we al eerder zagen groeit er massaal, evenals elfenbankjes (Trametes versicolor). De frambozenstruiken (*Rubus idaeus*) die er omheen groeien beginnen de grote dode tak al langzaam te overwoekeren zodat er binnen een aantal jaar misschien wel net zo'n mooi bloeiend open plekje zal ontstaan als op de noordkant van de Hettenheuvel.

15 Bossen en akkers ten oosten van de Oude Eltenseweg

Inmiddels ben ik na mijn omweg door het Bergerbos weer aangekomen bij camping het Peeske. Na het avondeten zal ik de akkers en bossen ten zuiden van deze camping bezoeken. De rijk bloeiende akker heb ik natuurlijk al vaak bezocht, maar de bossen aan die kant heb ik nog geen blik waardig gegund. Het zal mij benieuwen wat hier zoal voorkomt.

15.1 Zeldzaamheden komen letterlijk aanwaaien

Maar laat mij dit hoofdstuk beginnen met een wel zeer opvallende waarneming op de camping zelf. Wanneer ik naar het toiletgebouw loop om de afwas te doen, bekijk ik altijd een hoge braamstruik die naast het pad groeit om te achterhalen of er nog opvallende insecten zitten te drinken op de bloemen. Oranje vlinders die hier leven zijn veelal gehakkelde aurelia's, maar eentje springt eruit. Wanneer het dier zijn vleugels dichtslaat, vallen grote parelmoerkleurige vlekken op op de onderzijde van de vleugels. Dit is de zeldzame kleine parelmoervlinder (*Issoria lathonia*). Al snel probeer ik de vlinder vast te leggen, niet wetende dat ik deze zeldzame vlindersoort later nog vele malen vaker zou zien. In de voorgaande dagen heb ik geen enkel exemplaar gezien, maar vanaf deze avond vliegen ze in grote wolken over de akkers en langs de bosranden. Waar komen deze prachtige vlinders in zulke grote aantallen zo plotseling vandaan? En waarom heb ik ze niet eerder gezien?

Waarschijnlijk hangt het ermee samen dat deze parelmoervlinder, die voornamelijk in de duinen voorkomt, een erg mobiele soort is. In sommige jaren ziet men ze zelfs in Zuid-Engeland als ze vanuit de Hollandse duinen de Noordzee overvliegen[123]. Zo is het waarschijnlijk mogelijk geweest dat de parelmoervlinders vanuit de kuststreek op trek zijn gegaan en op de Montferlandse akkers en bossen zijn gestuit. Voldoende nectar hier om te drinken, maar in de akkers komt zelfs een waardplant (plant waar vlinders eitjes op leggen) van deze vlinder voor: het akkerviooltje (*Viola arvensis*)[123]. Dit heeft het dan ook mogelijk gemaakt dat de kleine parelmoervlinder zich een aantal jaar geleden wist te vestigen in de Montferlandse akkers[124]. Een succesverhaal op zich, want de vlinder past als geen ander bij het Montferland en verbindt evenals de eerder beschreven hout- en holenduiven de bossen en akkers met elkaar. Drinkend op de braamstruiken in de bosranden en op de open plekjes in het bos en eitjes afzettend op de akkerviooltjes in de kruidenrijke akkerlanden. En oprecht, juist doordat de vlinder veel grotere parelmoervlekken draagt dan de andere inlandse parelmoervlindersoorten, zou ik hem als een van de mooiste inheemse vlindersoorten betitelen.

Afbeelding 50 *Bramensprinkhaan en kleine parelmoervlinder*

Nu het avond is loop ik over de zandweg tussen de bossen en de bloeiende akkers, en zie ik nog vele andere kleine parelmoervlinders. Waarschijnlijk is dit juist een vlindersoort die wel is te spreken over de grote zomerdroogtes van de afgelopen jaren. Viooltjes groeien op kaal zand en kaal zand ontstaat als grassen verdorren. Het zou me werkelijk niet verbazen dat de droogte kansen biedt voor deze prachtige vlindersoort.

15.2 Insectenafname

Maar niet enkel de weersomstandigheden, ook het beheer heeft sterke invloed op de insectenpopulaties. Op een bordje aan mijn rechterhand zie ik dat Natuurmonumenten een zogenoemde keverbank heeft aangelegd, een hogergelegen grondwal met polvormige grassen. Goed voor loopkevers en andere insecten, en daarmee goed voor akkervogels zoals de patrijs. Het doet me goed te zien dat er in het natuurbeheer steeds vaker rekening wordt gehouden met insecten. Het Duitse onderzoek dat liet zien dat de insectenpopulatie in een aantal Duitse natuurgebieden met 75% was afgenomen in dertig jaar tijd[125] was een wake-up call voor natuurbeheerders en boeren om het tij te keren. Ook steeds vaker zijn er burgerinitiatieven in Nederland waar men bloemenrijke bermen inzaait en bijenhotelletjes plaatst om de insecten een helpende hand te bieden. Het zal ook wel moeten, want zonder insecten functioneert geen ecosysteem nog en kunnen we het grootste deel van onze voedselgewassen en alle producten waar deze in zijn verwerkt vaarwel zeggen. En denk niet dat het loze moeite betreft, want bepaalde wilde bijensoorten, zoals de rosse metselbij, lijken door al die initiatieven een positieve trend te laten zien[126].

Hoewel de insectenafname volgens wereldwijd onderzoek niet zo ernstig is als de 75% die in Duitsland is geconstateerd, is er wel degelijk sprake van een afname van vliegende insecten met 24% terwijl zoetwaterinsecten juist toenamen met 1%[127]. Vreemd genoeg nemen veel insectenetende vogelsoorten juist toe in Nederland. Alle Nederlandse zwaluwsoorten inclusief nachtzwaluwen zitten in de lift, en ook veel insectenetende zangvogels zoals de zwartkop en de roodborsttapuit laten beslist geen afname zien. Dat zou dus logischerwijs betekenen dat de biomassa aan insecten op bladeren van bomen en struiken evenals de biomassa van 's nachts zowel als overdag vliegende insecten op z'n minst gelijk moet zijn gebleven. Zou een deel van de insectenafname wellicht verband kunnen houden met het toenemend aantal warme dagen waardoor insecten eerder opwarmen en opvliegen en minder lang stil blijven zitten in het natte gras? Het zou wel verklaren waarom veel weidevogels, die als jong al zelf op jacht moeten gaan voordat ze kunnen vliegen, afnemen terwijl veel vliegende insectenetende vogels juist toenemen.

Hoe het precies zit met de insectenafname zal in de toekomst vast en zeker blijken, maar als we met elkaar wat meer aandacht hebben voor onze kleine metgezellen, en vooral ook voor hun leefgebied, zal er vast een rooskleurige toekomst voor hen zijn. Zingen er sprinkhanen in je tuin? Maai dan voor de verandering een randje van het gazon pas in het najaar na de eerste nachtvorst. Staat er een bloeiende plantensoort tussen je tegels op een plekje waar je niet dagelijks loopt, laat hem dan staan en in bloei komen voor de bijen en vlinders. Met zulke kleine dingetjes kan lokaal de insectenstand al worden verbeterd.

Ik besluit de keverbank achter mij te laten en de zandweg verder zuidwaarts te vervolgen. Vanuit de graanvelden weerklinken de grote groene sabelsprinkhanen (*Tettigonia viridissima*) die we al eerder zagen en vanuit de bosrand zingen vele honderden boskrekels. Ik hoor echter nog een sprinkhaan die ik niet direct kan thuisbrengen. Nooit eerder heb ik hem gehoord. Zacht getjilp vanuit de braamstruiken in de bosrand verraadt zijn aanwezigheid, en na een lange zoekpoging kom ik erachter dat de diertjes zich niet op de braamstruiken bevinden, maar in de warme strooisellaag eronder: het zijn bramensprinkhanen (*Pholidoptera griseoaptera*).

De bramensprinkhanen hebben zeer korte vleugels waardoor ze niet kunnen vliegen, evenals bij boskrekels het geval is. Dit maakt dan ook dat de soort weinig voorkomt, enkel langs de rivieren en op enkele geïsoleerde plekken[128]. Het opvallende verspreidingspatroon langs de grote rivieren hangt er waarschijnlijk mee samen dat het rottende hout waar de sprinkhaan haar eitjes in legt door het hoogwater in de winterperiode wordt meegevoerd en door het gehele rivierengebied wordt afgezet[128]. Dat is echter geen verklaring voor zijn aanwezigheid in het Montferlandse stuwwalbos. Waarschijnlijk is dit een oude populatie die hier al lange tijd weet stand te houden.

15.3 Nectardieven

De zandweg voert uiteindelijk zuidwaarts het bos in. Prachtige oude eiken en berken groeien in dit gebied. Ik neem mezelf dan ook voor om deze bossen morgen opnieuw te bezoeken, want de Montferlandse bossen reiken tot ver zuidwaarts en zijn zelfs grensoverschrijdend met Duitsland. De bermen zijn begroeid met de stinkende maar mooie bosandoorns (*Stachys sylvatica*) en rijpe bosaardbeien (*Fragaria vesca*). Ook een van de weinige Nederlandse liaanplanten groeit in de bermen en bosranden: de wilde kamperfoelie (*Lonicera periclymenum*). Veel mensen kennen deze heerlijk geurende liaanvormer, maar de verhalen eromheen zijn vaak niet bekend. Vreemde gaatjes aan de zijkant van de bloemen vertellen namelijk het verhaal van een onbekende dief.

De kamperfoeliebloesem begint pas in de late uren sterk te geuren zodat de nachtvlinders worden aangetrokken om de klimplant te bestuiven. De bloemen zijn expres extra lang zodat de nachtvlinders met hun lange roltong als enig insect bij de zoete nectar kunnen. Maar er zitten dus van die vreemd uitziende ronde gaatjes aan de zijkant van de bloemen. Geen nachtvlinder haalt het in zijn hoofd om de bloem vlakbij het einde stuk te bijten, zij kunnen immers gewoon bij de nectar en hebben bovendien geen kaken. Nee, het zijn de nijvere hommels die, overal geprezen om hun bestuivingsdienst, de bloemen stukbijten en de nectar van de vlinders stelen zonder hierbij de kamperfoelie te bestuiven (bron: eigen waarneming).

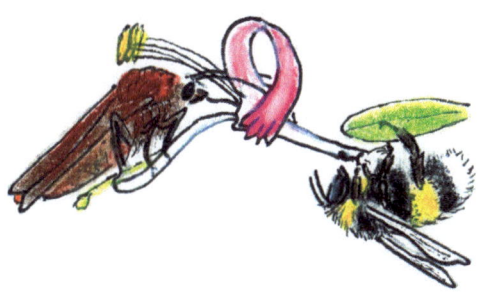

Afbeelding 51
Hommel die nectar steelt van nachtvlinders

De roestbruine kromlijf, de in 14.2 beschreven hommelparasiet, komt zo in een heel ander daglicht te staan. Zo verandert de gruwelijke parasiet in een bondgenoot van de nachtvlinders. Wie had dat verwacht bij het horen van het verhaal van de roestbruine kromlijf. En precies om deze reden moeten we voorzichtig zijn met wat we uithalen. Gebruiken we gif om slechts één soort te doden, dan kan daar een heel systeem door ten gronde worden gericht. Een soort heeft zoveel relaties in een ecosysteem dat het bijna niet mogelijk is om te overzien wat de gevolgen zijn als er een soort uitsterft.

15.4   De schoonheid van het gewone

De zon begint onder te gaan, dus loop ik terug naar het Peeske. Ik wandel over de zandweg ten oosten van de oude Eltenseweg. Rechts van mij de rijkbloeiende graanakkers met hun luide galm van sabelsprinkhanen, en links een regulier agrarisch grasland. In het grasland kan ik slechts één plantensoort herkennen: Engels raaigras. Deze calciumrijke grassoort verbouwt men vandaag de dag massaal omdat de koeien veel melk geven als ze dit te eten krijgen. Van nature komt de grassoort als pionier in Nederland voor, maar niet over zulke ongekend grote oppervlaktes. Het

Engels raaigrasland is het meest karige graslandtype dat in Nederland voorkomt. Met wat geluk tref je nog eens een plukje ruw beemdgras (*Poa trivialis*) of een paardenbloem (*Taraxacum officinale*), maar daar is het dan ook wel mee gezegd.

Toch kunnen zelfs in deze 'groene woestijnen' soorten overleven, hoewel alleen als er natuurgebieden of ten minste bomen in de omgeving voorkomen. Jaarrond leven in het raaigras is voor het grootste deel van de soorten niet mogelijk door het strakke maairegime. Zoals eerder beschreven, eten reeën graag van het eiwitrijke gras, en veldmuizen van de graswortels. Ook hazen komen er voor, en dassen zijn ervan afhankelijk omdat ze de grijze regenwormen uit de droge graslanden eten. Ook het kleinere broertje van de raaf, de zwarte kraai (*Corvus corone*), struint in grote zwermen de velden af. Ik denk dat ik wel een zestigtal van deze zwarte verschijningen heb gezien in enkel dit ene grasland. Ze eten werkelijk alles, vakkundig filteren ze het grasland van engerlingen en emelten, en ook regenwormen worden niet versmaad. Ook Thijsse schreef over de zwarte kraaien die rauw krassend boven de berkenbossen vlogen[1]. Al sinds mensenheugenis komt deze vogel voor in Nederland.

In weinig natuurboeken zul je iets lezen over de zwarte kraai, de vogel die door zijn veelvuldig voorkomen weinig tot de verbeelding spreekt. Maar wanneer je bedenkt dat onze ondersoort van de zwarte kraai alleen in West-Europa voorkomt en verder wereldwijd nergens, wordt de zwarte kraai misschien iets bijzonderder. In Azië komt een andere ondersoort voor en in Oost-Europa komt de zwarte kraai in zijn geheel niet voor. Deze vogel hoort bij ons land, en daar mogen we trots op zijn. Niet alleen datgene wat zeldzaam of bijzonder is, verdient de aandacht, ook vogels die algemeen voorkomen zijn het benoemen waard. Toch krijgen soorten vaak pas waardering als het slecht met hen gaat. Wie zich in de jaren 80 over de patrijs ontfermde, werd gek aangekeken, de akkers zaten er zo vol mee dat er zelfs volop op werd geschoten. Nu zijn er patrijzenreservaten en planten boeren de randen van hun akkers in met speciale gewassen voor de patrijs. Hoe zou het zijn als over een twintigtal jaren de kolganzen een zeldzaamheid zouden worden? Zouden er dan gebieden worden aangelegd om deze gans te beschermen en zouden er op grote borden afbeeldingen worden geplaatst van grote groepen ganzen uit het verleden? Het zou me niets verbazen. Ook het moderne boerenland heeft zijn ecologische waarden, ook al zullen we dat pas zien als een ander gewas de plaats van de raaigraslanden zal innemen en de vegetatie een zeldzaamheid wordt. Het is een uiterst karig en soortenarm ecosysteem, maar voor een aantal soorten, veelal trekkende ganzen en eenden, is zelfs het moderne boerenland onmisbaar.

Afbeelding 52 *Haas en zwarte kraaien in regulier boerengrasland*

Maar goed, genoeg gefilosofeerd voor vandaag; tijd om terug te gaan. De horizon achter mij kleurt helderrood door de ondergaande zon. Ik loop langs de bloeiende akker ten westen van het Peeske terug naar mijn tent. Maar zoals het gaat bij zo'n veld; het is niet mogelijk daar langs te lopen zonder even te kijken of er nog nieuwe zeldzaamheden tussen het graan te vinden zijn. En natuurlijk vind ik er weer een akkerplant die ik nog niet eerder had gezien: de akkerdravik (Bromus arvensis). Zo'n veld kent zulk een rijkdom aan specialistische soorten dat ik zo ongeveer elke keer dat ik hier langskom wel weer een nieuwe soort tref. Ook opvallend is het om te zien hoe de dagvlinders zich opmaken voor de naderende nacht. Nu de kamperfoelie hemels ruikt en de nachtvlinders in groten getale vliegen, rusten de dagvlinders op een plant die vandaag heeft gebloeid. Voornamelijk korenbloemen en gele ganzenbloemen zijn geliefd. Soms zit er wel een drietal kleine vuurvlinders op een enkele ganzenbloem. Het zwartsprietdikkopje (*Thymelicus lineola*) rust op een korenbloem naast de zandweg. Dit zijn de beste plaatsen om de nacht door te brengen omdat de bloem is gevuld met nectar zodat ook in de nacht met enige regelmaat gedronken kan worden.

MAANDAG
13 JULI 2020

16 De bossen rond de Boterweg

De laatste dag van mijn verblijf in het Montferland is aangebroken. Morgen zal ik de boel opbreken en weer noordwaarts vertrekken. De laatste dag om nog een aantal soorten op te sporen die Thijsse hier heeft waargenomen, maar ik tot op heden niet. Staartmezen, koekoeken, gewone beervlinders, zaagwespen, dennensnuittorren en de prachtig blauwe dennenboktor heb ik tot dusver niet aangetroffen. Evenals de eekhoorn en het wild konijn trouwens, waarvan Thijsse schreef dat hij ze zowat bij iedere wandeling zag[1]. We zullen zien wat deze laatste dag te brengen heeft.

Ik besluit een dagtocht te ondernemen nog verder zuidelijk dan waar ik gisteravond geweest was, richting het Duitse grensgebied. De gebieden rond de Boterweg, waar ik al eenmaal eerder geweest was (lees 11.5), heb ik nog niet verkend. Deze weg en de kapvlakten die hier noordelijk van liggen hebben we gezien, maar niet de bossen ten zuiden van de weg. Met een bezoek aan dit gebied zou ik net als Thijsse het gehele bosgebied van het Montferland hebben doorkruist. Het zou mij benieuwen of ik juist in dit gebied de laatste soorten zou zien, en wellicht natuurlijk nog vele anderen. Tevens zou ik vandaag mijn laatste bezoek brengen aan het distelveld en de uitkijktoren, en zou ik via de Kruisallee en de Dassenboomse Allee voor de laatste keer het bosgebied ten noorden van de Beekseweg aandoen. Ik vertrek in de vroege ochtend omdat gisteren bleek dat de mens in de ochtenduren weinig aanwezig is in de Montferlandse bosgebieden en daarmee de kans om schuwe soorten te zien toeneemt.

En zoals dat werkt in de vroege uren, de afwezigheid van de mens wordt opgevuld door andere zoogdieren, ook op de camping zelf. Terwijl ik een fles water vul om de dag op te kunnen teren, heb ik het geluk een jonge haas te zien die behendig langs de scheerlijnen van de tenten manoeuvreert. Een veelbelovend voorteken voor de dag die komen zal.

16.1 Mezengroepen

Ik fiets naar de plaats waar ik gisteren de bramensprinkhanen heb gevonden en steek hier links het dennenbos in. Een fijnsparrenperceel grenst aan een jong spontaan opgeslagen bos. Geritsel en gefluit merk ik op vanuit het jonge bosje. De kleinste geluiden zijn vaak al een reden om te stoppen en hoopvol te wachten op alles wat die geluidjes voortbrengt. Het blijkt een zogenoemde mezengroep te zijn. Als het broedseizoen ten einde is gekomen, scholen de mezen en andere kleine bosvogels die niet naar het zuiden trekken samen in grote groepen die op zoek naar voedsel de bossen afschuimen. Vaak heerst er in de wintermaanden doodse stilte in het bos, tenzij net het geluk daar is dat er een mezengroep voorbijkomt. Dit zal een van de eerste mezengroepen van het jaar zijn, en aan de leeftijd van de vogels te zien, zitten er veel jongen van dit jaar bij. Thijsse schreef ook over dergelijke mezengroepen. 'Vaak is 't me gebeurd, dat ik alle mezensoorten (minus 't baardmannetje) in één boom bij elkaar zag¹'. Goudhaantjes, roodborstjes, matkopmeesjes en jonge vinken maken het grootste deel uit van deze groep, maar ook, jawel, staartmezen (*Aegithalos caudatus*).

Staartmezen vormen zonder twijfel een van de mooiste mezen die in ons land leven. Ze heten niet zonder reden staartmees, want hun staart is langer dan de rest van het diertje. Vaak vinden ze hun voedsel in de vorm van insecten en in de winter zaden terwijl ze ondersteboven hangen aan de allerdunste takjes[129]. De vrolijke liedjes van groepen staartmezen die van struik naar boom hoppen, zijn als een teken dat zelfs in de natte herfst en ijzige winterdagen doet herinneren aan de overvloed van het voorjaar. Spijtig genoeg neemt de staartmees af in ons land, en de oorzaak is niet bekend[129]. Ik hoop van harte dat deze prachtige beestjes ook in de toekomst nog hoorbaar zullen zijn in de Nederlandse bossen. Ze horen er echt bij.

Afbeelding 53 *Staartmezen zitten op de dunste takjes*

Iets achter dit jonge bosje ligt die grote kapvlakte waar ik al eens ben geweest. Het verschil echter is dat het nu een stuk vroeger op de dag is dan toen. De mens is nog niet in het bos waardoor ik kans heb op andere soorten. Zo hoor ik vanuit de bosrand naast de kapvlakte opnieuw die oeroude schreeuw van de zwarte specht, de prachtige vogel die ik al bij de uitkijktoren hoorde. Het lukt me deze keer zelfs om hem te zien. Een drietal zwarte spechten zit op één enkele, dode lariksstam, vermoedelijk een nest dat onlangs is uitgevlogen. En niet alleen zwarte spechten zitten in de dode lariksen naast de kapvlakte, ook een buizerd zit op de uitkijk. Hij speurt de horizon af op zoek naar iets eetbaars op de kapvlakte. Tussen de jonge linden, hazelaars, iepen en kersen is het tenslotte kaal en warm waardoor de echte soorten van open gebied het hier goed toeven zullen vinden.

16.2 De medische wetenschap van bosmieren

Rode bosmieren hebben op deze kapvlakte ook her en der hun grote koepelnesten gebouwd. Natuurlijk had ik al eerder stilgestaan bij deze insecten met hun uitzonderlijke levenswijze, maar anders dan de mierenhopen op de kruising van de Beekseweg en de Montferland zie ik op deze locatie een uitzonderlijk fenomeen. We hebben al gezien hoeveel de bosmieren op ons mensen lijken als het gaat om jacht, schadebestrijding en veeteelt, maar de mieren hier laten zien dat ze ook medisch hoogstaand zijn. Op de mierenhoop liggen namelijk her en der witte klompjes die aan hars doen denken. Deze klompjes zijn in feite een mengsel van hars en mierenzuur en doen dienst als middel om infecties buiten de deur te houden. Dit mengsel is een zeer effectief antibioticum[130]. De mieren verspreiden de harsklompjes door het hele nest zodat infectieziekten geen kans maken, en dat is nodig ook. Net zoals onze steden een aantal graden warmer zijn dan hun omgeving, zijn ook de steden van de bosmieren warmer dan de omgeving. De mierenhoop zou zonder maatregelen dan ook een broeinest zijn van infecties en schimmeluitbraken. De mieren lijken ons keer op keer voor te zijn als het gaat om vrijwel alles, zo ook op het gebied van antibioticaresistentie. Door hars te gebruiken van bomen die met de ziekten mee evolueren vormt antibioticaresistentie bij hun geen probleem. Ze vormen een hoogstaande cultuur waar we als mens alleen maar nederig naar kunnen kijken.

Afbeelding 54 *Rode bosmier met klompje zelfgemaakt antibioticum*

Het zou werkelijk mogelijk zijn om een geheel boek te schrijven over enkel het wel en wee van de rode bosmieren. Zittend naast een mierenhoop kunnen we de oplossing voor moderne problematiek vinden. Is het niet zo dat men dit millennialang heeft gedaan? Heeft de mens de veeteelt wellicht ontdekt door de kunst bij de mieren af te kijken? We zullen het nooit weten, maar ik acht de kans zeker aanwezig.

16.3 Eetbare paddenstoelen

Afbeelding 55 *Parelamaniet*

Ik laat de kapvlakte achter mij en trek de bossen in. Over een smalle zandweg tussen een bos met Oostenrijkse dennen (*Pinus nigra ssp. nigra*) en lariksen (*Larix spec.*) geniet ik van de zomerzon. In de berm, onder een oude zomereik (*Quercus robur*), vind ik een parelamaniet (*Amanita rubescens*). Deze zwam, die evenals de eerder beschreven regenboogrussula *ectomycorrhiza* vormend is (lees 12.2), is een goed eetbare paddenstoel mits

167

deze wordt gekookt. Een sterk gelijkende soort echter, de panteramaniet, is dodelijk giftig[131]. Het is dan ook levensgevaarlijk om van de zwam te eten. Enkel eetbare paddenstoelen die met geen mogelijkheid zijn te verwisselen met giftige kunnen worden gebruikt voor consumptie. Maar ook dan geldt, hoewel er geen enkele paddenstoelensoort direct is beschermd volgens de wet natuurbescherming, een wettelijke zorgplicht voor het behoud van soorten.

Staat een soort op de rode lijst van bedreigde paddenstoelen, laat de vruchtlichamen dan alsjeblieft staan. Ook geldt dat wanneer je maar enkele individuele zwammen vindt, je deze maar beter kunt laten staan. Bij het plukken van een paddenstoel blijft de zwamvlok zelf in leven, maar neem je wel zijn voortplantingsorgaan af. Het is in wezen te vergelijken met het plukken van een bloem: ook daar geldt dat het niet handig is om zeldzame soorten te plukken, ook al blijft de plant in leven. Het plukken van paddenstoelen is in gebieden van Staatsbosbeheer toegestaan mits er niet meer dan 250 gram wordt geoogst[132]. De wildpluk is volledig op eigen risico en ook alleen voor eigen gebruik. Wanneer het op een verantwoorde en duurzame manier gebeurt, heeft het voor zover ik weet geen negatieve effecten.

16.4 Roofdierhaat

Terwijl ik de parelamaniet bekijk, beweegt zich in de Oostenrijkse den boven mij een snel zoogdiertje door de kroonlaag. Is het een eekhoorn, of een boommarter? Het dier is me te snel om een zekere conclusie te kunnen trekken. Ik wacht tot hij weer tevoorschijn komt, want ik heb hem niet naar een andere boom zien ontsnappen. Uiteindelijk blijkt het de eekhoorn (*Sciurus vulgaris*) te zijn. Als geen ander zoogdier hoort de eekhoorn bij het naaldbos. De kegels van dennen, sparren en lariksen opent hij vakkundig om zo de zaden te kunnen eten. Ik ben verheugd dat ik er toch nog een heb mogen zien, maar zo algemeen als ze blijkbaar waren toen Thijsse hier was, zijn ze al lang niet meer. Hoewel de eekhoorn nu wettelijk beschermd is, was dat wel anders in Thijsses tijd. Sterker nog, de diertjes werden gehaat omdat ze vogelnesten uithalen. Thijsse zelf was het hiermee eens en hielp een aantal jongens die hij tegenkwam met het vangen van een eekhoorn. Thijsse spreekt zelfs over 'onbetwistbare schadelijkheid' van de eekhoorn, een dier die zowel 'eierdief, nestverstoorder en boschbederver' is[1]. En het is waar dat eekhoorns ook dierlijk voedsel nuttigen, en daar had men lange tijd een hekel aan. Ieder roofdier werd gehaat. Met geen woord trouwens heeft Thijsse gerept over welk roofdier dan ook. Slechts eekhoorns en gaaien, maar dat zijn nu niet bepaald toppredatoren. Waarschijnlijk kwamen roofdieren niet voor of in dermate lage dichtheden dat hij ze niet heeft opgemerkt.

Afbeelding 56 *Eekhoorn (Schets J.P.T.)*[1]

Eeuwenlange vervolging heeft vele roofdieren doen verdwijnen uit ons land en zelfs uit geheel westelijk Europa. Al lang voelt de mens een diepe haat voor vrijwel alle roofdieren, een haat die zelfs in de naam 'roof'dieren zit verborgen[133]. Dit waren de dieren die ons vee of zelfs onze kinderen roofden. Waar de oude natuurvolkeren de grotere roofdieren nog respectvol aanbaden als krachtdieren, is met de komst van de veeteelt en in navolging hiervan de kerstening van Europa de roofdierhaat begonnen[134]. Tot het georganiseerde heidendom definitief ondergronds moest gaan door de kerstening van Scandinavië, werden roofdieren zoals de wolf nog veelal als heldenfiguur gezien. De Katholieke kerk verafschuwde dit wereldbeeld echter omdat roofdieren als dienaars van de duivel werden beschouwd in tegenstelling tot het algoede dat onder de hoede van het 'Lam Gods' stond[134]. Gelukkig zijn de tijden intussen veranderd, maar nog altijd leeft de roofdierhaat en bijbehorende vervolging lokaal voort. In Friesland worden roofvogelnesten nog ieder jaar doelbewust verstoord[133] en vervolging van marterachtigen zoals de das is ook nog een jaarlijkse aangelegenheid (bron: eigen waarneming).

16.5 Rewilding

Gelukkig is er vandaag de dag ook een andere filosofie in de maatschappij aanwezig, een verlangen naar ongetemde wildernis[134]. Kijk alleen al naar de populariteit van de film de Nieuwe Wildernis en zie hoe het gemeenschappelijk natuurbeeld toleranter is geworden[134]. Dit speelt niet alleen in Nederland, maar in geheel Europa. Het resultaat is wettelijke bescherming van veel roofdieren en de daarmee samenhangende terugkeer van veel soorten die we in het verleden eigenhandig hebben uitgeroeid.

In de bossen van het Montferland leven haviken, buizerds, sperwers, vossen, boommarters, dassen en met enige regelmaat zelfs wolven[135], iets wat in Thijsses tijd ongekend was. Op nationaal niveau keren lang verdwenen roofdieren terug, en niet alleen roofdieren. Ook andere grote wilde dieren zijn bezig aan een opmars. Sinds Thijsse in 1896 het Montferland bezocht, zijn in Nederland onder meer wolven, wisenten, bevers, kraanvogels, boommarters, wilde katten, zeearenden, visarenden en oehoes teruggekeerd[134]. En op Europees niveau komt daar de toename van de bruine beer, lynx en eland nog bovenop[134]. Ook wilde zwijnen, edelherten en reeën zijn er vandaag de dag veel meer dan in 1896, zelfs de goudjakhals komt lokaal voor in Nederland[136]. En dat terwijl er over de biodiversiteit zoveel pessimisme heerst. Het is voor het eerst sinds de pest de bevolking decimeerde, dat de grote dieren van Europa toenemen. Niet alles gaat slecht als het gaat om onze natuurlijke systemen, integendeel zelfs.

16.6 Sparrensterfte

Maar eerlijk is ook dat terwijl ik dit schrijf er tegenover mij een stervend lariks- en sparrenbos ligt. Lange, witte strepen hars kleuren de bast van de nu nog groene bomen zodat zich hier het komende jaar een dood bos zal bevinden. Het schadelijke werk van lariksbastkevers (*Ips cambrae*) en letterzetters (*Ips typographus*) is misschien wel het best te zien in de bossen waar ze nog bezig zijn met hun sloopwerk. Op het oog zien de bomen er nog goed uit, maar de hars barst letterlijk uit de gaten in de bast. Zoals in 5.1 al is beschreven is het onvermogen van de naaldbomen om voldoende hars aan te maken de reden dat de kevers complete bomen kunnen doden. Zijn de bossen zoals hier lokaal het geval is in monocultuur aangeplant, dan sterven er zomaar hele bossen.

Hoewel deze keversoorten een ware plaag vormen, zouden ze ook als belangrijke sleutelsoorten gezien kunnen worden. Doordat de kevers de sparren doden, ontstaan open plekken met dood hout waar lichtboomsoorten zoals de berk en de grove den opkomen. En ook de mens speelt een ecologische rol in dit verhaal, want wanneer een bos wordt gedood door de kevers, wordt dit vaak door de mens gekapt en ontstaan grotere kapvlaktes. Deze worden vervolgens opnieuw ingeplant met linden, zoete kersen, iepen en hazelaars zoals we al zagen. Zo weet de kever het indirect te bewerkstelligen dat er in de toekomst een zeer divers inlands loofbos zal groeien in het Montferland en zijn de kevers op de korte termijn een bondgenoot van de kapvlakteplanten en insecten zoals de tronkenbij (lees 11.4).

En niet alleen dat, ook in een meer directe manier zijn de kevers belangrijk voor het bossysteem. Zo zie ik een grote, bonte specht die al hakkend op de opengescheurde fijnsparrenschors de larven van de letterzetters boven weet te halen. De overvloedig aanwezige keverlarven zijn voor tal van vogelsoorten een welkome eiwitbron. Zo heeft het bloedende sparrenbos een grote aantrekkingskracht op tal van zangvogels die in de omliggende bossen broeden.

Afbeelding 57 Grote bonte specht

Ik haal eens een stuk sparrenbast open om te kijken of ik de vraatzuchtige kevers ook kan vinden. Het valt al direct op waarom de diertjes letterzetters worden genoemd. Prachtige patronen van tunnels en gangen die de diertjes door schors en bast hebben gegeten zijn te zien. En prachtig ook om te zien hoe deze gangen zijn geordend. De vorm van de gangen laat ons terug in de tijd reizen. Het begint namelijk allemaal met een mannetje dat aan komt vliegen. Het diertje knaagt een gat in de boom, en als de boom onvoldoende hars kan aanmaken zoals in de laatste drie jaar door droogte het geval is, kan de kever naar binnen kruipen om een verticale gang te knagen. Onder in de gang maakt hij een zogenaamde verbrede paringskamer (1). Als het werk is gedaan, begint hij met het uitscheiden van feromonen om vrouwelijke soortgenoten van buiten te lokken. Meestal paart hij met twee tot drie vrouwtjes, die vanuit deze paringskamer dan twee resp. drie verticale gangen graven, de zogeheten moedergangen (2). Aan de vorm van het letterpatroon is dus te zien hoe succesvol het letterzettermannetje is geweest bij de vrouwtjes. Vervolgens legt iedere moeder tot zo'n 60 eitjes in nissen grenzend aan de moedergang van waaruit zich larven ontwikkelen die haaks op de moedergang horizontale gangen (3) knagen. Doordat de larven steeds groter worden, worden deze gangen vanaf de moedergang bekeken ook steeds breder. Uiteindelijk verpoppen de larven en knagen de kersverse kevertjes een gat in de schors om zo uit te vliegen en een volgende boom te infecteren[137].

De overeenkomst tussen deze letterzetters en de mens is er helaas ook. De kevers putten net als de mens hun voedingsbronnen uit en zullen na het afsterven van het sparrenbos verder moeten vliegen naar nieuwe bossen om daar hun slopende werk te hervatten. Zoals de kevers als rondtrekkende plaag van sparrenperceel naar sparrenperceel vliegen, zo zijn het de mensen die in vervlogen tijden van continent naar continent voeren om daar nieuw land te ontbossen en te ontginnen voor de landbouw. En deze expansiedrift is niet voorbij, want de roep om kolonies te stichten op nabijgelegen planeten wordt almaar groter. Het enige verschil is dat de kevers weer geheel verdwijnen als ze een sparrenbos hebben gedood terwijl de mens voedsel en bouwmaterialen van elders aanvoert om zo in een leeggeroofd land te kunnen blijven leven; kijk maar eens hoe weinig landen er wereldwijd nog zelfvoorzienend zijn.

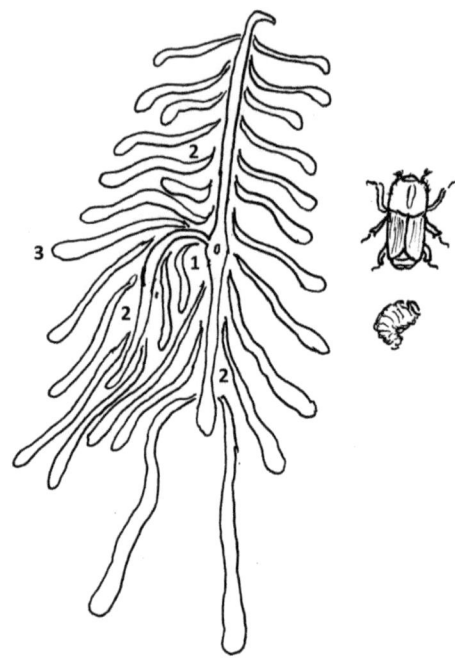

Afbeelding 58 *Letterzettergang van*
mannetje met drie vrouwtjes

Om het bij bossen te houden; bedenk dat het grootste deel van
Nederland van oorsprong uit bos bestond, en we er nu met zoveel
mensen wonen dat we slechts 23,9 % van onze houtbehoefte
uit onze eigen bossen kunnen oogsten[15]. Het is maar weer eens
pijnlijk duidelijk dat ons grondgebied in feite niet voldoende
grondstoffen kan produceren voor de huidige, grote populatie.

Terwijl ik mijn recente waarnemingen noteer, komt er een wandelaar langs. Hij weet dat Jac.P. Thijsse een ruime eeuw geleden een boek schreef over de Montferlandse bossen en vindt
het interessant te horen dat ik zijn reis overdoe. Hij vraagt of
ik de reptielencorridor al heb bezocht, want er schijnt hier een
redelijk complete herpetofauna voor te komen. Hazelwormen
(*Anguis fragilis*), ringslangen (*Natrix natrix*) en zandhagedissen
(*Lacerta agilis*) heeft hij gezien op deze velden. Het enige reptiel

dat ik tot dusver heb aangetroffen, is de levendbarende hagedis, die even snel verdween als dat hij tevoorschijn kwam. Mede naar aanleiding van zijn verhaal, en tevens omdat ik nog wil controleren of er blauwvleugelsprinkhanen voorkomen op het bremveld besluit ik de komende middag het bremveld, dat via het distelveld is verbonden met de reptielencorridor, opnieuw te bezoeken.

16.7 De ecologie van de akkerrand

Maar eerst loop ik via de Boterweg noordwaarts zodat ik via rijk bloeiende akkers terug kan lopen naar mijn fiets. In de akkerrand die is ingezaaid met een patrijzenmengsel gonst het van de insecten. Op de warme zandweg zitten tientallen kleine parelmoervlinders op te warmen en het Jacobskruiskruid in de berm is erg in trek bij kleine vuurvlinders (*Lycaena flaeas*) en bruine blauwtjes (*Aricia agestis*). In de akkerrand zie ik zelfs een vlinder die ik hier nog niet eerder heb gezien: het koevinkje (*Aphantopus hyperantus*), een graslandvlinder bij uitstek die voornamelijk haar eitjes afzet op grassen zoals kweek (*Elymus repens*), een grassoort die op verstoorde voedselrijke bodems voorkomt en hierdoor een typische akkerplant is. Menig tuinder is dit 'onkruid' dat zich via wortelstokken weet te verbreiden liever kwijt dan rijk. Het is echter weinigen bekend dat de wortelstokken ook heel goed eetbaar zijn.

Boven de akkerrand is een jager actief: de gewone oeverlibel (*Orthetrum cancellatum*). De vrouwtjes zijn geelzwart en de mannetjes zijn helderblauw. Deze libel komt erg veel voor in ons land en kan zich doordat hij weinig eisen stelt aan de waterkwaliteit op veel plaatsen voortplanten. Boven deze akkerrand ontpopt de oeverlibel zich als echt roofdier, want als geen ander weet hij vakkundig vliegende insecten uit de lucht te roven. Vlinders worden gegeten en zelfs wespen ontkomen niet aan zijn hongerige kaken. Wespen, en dan hebben we het over de Duitse wesp, zijn opvallend veel aanwezig in deze akkerrand. Ze bestuiven de bloemen van de luzerne en jagen op vliegen en bijen die in de akkerrand aanwezig zijn.

16.8 Nestbouw bij wespen en mieren

Al snel heb ik in de gaten waar al deze wespen vandaan komen. Naast het pad heeft een vos een poging gedaan om een nest uit te graven, maar is er uiteindelijk niet toegekomen de raten te stelen. Een paar steken in zijn neus waren waarschijnlijk doorslaggevend geweest om toch maar wat gemakkelijker voedsel te zoeken. Hoe ik wist dat dit het werk van een vos was? De verse prenten in het zand in combinatie met een vossenkeutel voor de ingang van het nest.

Afbeelding 59 *Nest van de Duitse wesp*

Met dank aan de dappere poging van de vos heb ik nu wel de mogelijkheid om het wespennest eens wat beter te bekijken. Het vorige nest dat ik vond was immers geheel intact waardoor ik niet het vakkundig in elkaar stekende papieren bouwwerk kon zien. Aan de onderkant van het nest zit de ingang van waaruit de werksters in en uit het nest vliegen. Een meerlaagse papieren muur zit om het nest gewikkeld om zo de binnenkant te beschermen tegen ongewenste indringers. De binnenkant bestaat uit verschillende verdiepingen met raten waar de koningin eitjes in legt. Dit nest heeft ongeveer zes raten, maar er zijn nesten gevonden met wel twaalf raten[138]. Anders dan bij de welbekende honingbijen, sterft het gehele wespenvolk als de winter aanbreekt. Alleen koninginnen die dit jaar zijn geboren, zijn in staat om in een winterslaap te gaan en de koude maanden levend door te komen. Ik kan nog net een foto van het nest maken, maar de bewoners blijken er niet bepaald van gediend dat er een vreemde indringer voor de ingang staat. Daar hebben ze met dank aan de vos natuurlijk niet al te beste ervaringen mee.

Doordat wespen hun nesten van papier bouwen en er zoals eerder al is beschreven wel 250 nesten per vierkante kilometer kunnen zijn, is het niet moeilijk in te zien dat de kleine diertjes een ongekend grote functie vervullen bij het verspreiden van voedingsstoffen door het landschap. Hout dat in het bos groeit wordt tot papier fijngekauwd en verspreid naar het omliggende cultuurlandschap waar de wespen hun nesten veelal in de bodem bouwen. Een wespennest wordt slechts een jaar bewoond waardoor het papieren bouwsel na de winter opgenomen kan worden door de bodemfauna om zo in voedingsstoffen voor planten te veranderen. Om het maar zo te zeggen, de wespen zorgen ervoor dat het landschap rond de Montferlandse bossen wordt 'bemest' met voedingsstoffen uit het bos.

Even verderop ligt nog een kolonie insecten die ondergronds nestelt: het zijn wegmieren (*Lasius niger*). Deze kleine zwarte mierensoort is van nature aan graslanden gebonden, maar komt vandaag de dag op veel meer locaties voor met dank aan de mens[139]. Werkelijk iedereen met een tuin of een klein stoepje voor het huis heeft ze wel eens gezien. Over het algemeen zijn het weinig opvallende diertjes die, evenals de bosmieren, een eenvoudig bestaan als veehouder lijden. Ze zijn hierin wel wat anders dan de bosmieren. De bosmieren hebben hun eigen kuddes luizen die ze in de wintermaanden op stal zetten (lees 4.4), terwijl de wegmieren elk jaar nieuwe wilde-luizenkolonies temmen. Werksters stuiten op hun voedseltochten met enige regelmaat op wilde-luizenkolonies die vervolgens met man en macht worden beschermd tegen roofdieren zodat de zoete honingdauw geoogst kan worden[139]. Waar de bosmieren rasechte veehouders zijn, zijn de wegmieren beter te vergelijken met de jagers of verzamelaars die achter de rendierkuddes aantrokken.

En enkele keren per jaar, laat dat net toevallig nu zijn, vliegen koninginnen en mannelijke mieren, darren genoemd, uit om te paren. Ligt er zo'n nest naast je voordeur, dan behoort het tot de mogelijkheden dat tijdens deze zogenoemde bruidsvlucht ineens je huis vol zit met gevleugelde koninginnen. De bevruchte koninginnen zoeken vervolgens een geschikte plaats voor de bouw van een nieuw nest. Zo'n plaats hoeft voor deze soort niet aan veel eisen te voldoen. De voeg tussen twee tegels is vaak al een optimale biotoop. De koninginnen stichten vervolgens groepsgewijs een nieuwe kolonie, en het is uiteindelijk aan de werksters wie van de koninginnen ze als hun leider accepteren. De meest vruchtbare koningin mag blijven leven, de rest wordt geslacht en tot voedsel verwerkt[139].

16.9 Hoe een boomparasiet mieren inhuurt

Wat is er veel te zien op nog geen tweehonderd meter zandweg. Ik loop intussen rechts het bos in. Dan zal ik rond lunchtijd bij mijn tent zijn en kan ik de middag doorbrengen bij het bremveld en het distelveld. Boven de pas geoogste graanakkers vliegen zwermen spreeuwen (*Sturnus vulgaris*), groenlingen (*Chloris chloris*) en putters (*Carduelis carduelis*) en vanuit het bos klinkt de schreeuw van een pas uitgevlogen buizerdjong (*Buteo buteo*). Eenmaal in het bos aangekomen, zie ik een opvallende plant die alleen in de berm van de smalle zandweg groeit: het is de hengel (*Melamphyrum pratense*).

Afbeelding 60 Hengel in de bosberm

En zoals zo vaak is ook hier het bossysteem weer innig vervlochten met de zandweg door de akkers, want de hengel kan niet overleven zonder de mieren. Wanneer de zaden vallen, moeten ze namelijk door mieren worden verspreid[140]. Maar hoe krijgt een plant het nu voor elkaar dat de mieren voor hem aan het werk gaan? Dat heeft alles te maken met het 'mierenbroodje' of 'elaiosoom' op de zaden. Dit is een vlezig, vetrijk aanhangsel wat aan ieder zaadje zit en wat nogal in de smaak valt bij de larven van de mieren. Maar het mierenbroodje zal eerst moeten afrijpen, waardoor de mieren zich genoodzaakt zien het gehele zaadje mee te slepen naar het nest. Wanneer het broodje rijp is, wordt het geoogst en aan de larven gevoerd. Vervolgens laten de mieren het zaadje vaak onaangeroerd liggen en hebben er geen omkijken meer naar waardoor het, mits het mierennest op de juiste plek ligt natuurlijk, kan ontkiemen. Met dank aan de mieren verspreidt de hengel op deze manier zaden die ook nog eens keurig in een beveiligd nest ondergronds worden geplant[139]. Waarschijnlijk groeit de hengel daarom enkel langs het bospad, want alleen op de kale bodem komen de wegmieren voor; die gaan zich geen weg banen door hoge stapels dood blad die in het omliggende eikenbos liggen.

Maar dat is nog niet alles, want dan zou de hengel een algemene plant zijn geweest die op vrijwel ieder mierennest kan groeien. Hengel doet het alleen op zure, stikstofarme gronden in oudere bossen of op bosranden van oude bossen[140]. Enkel in de wat oudere bossen op de droge zandgronden die niet al te erg te kampen hebben met stikstofdepositie en de daaruit voortvloeiende vergrassing kan de hengel gedijen. Maar waarom groeit hij alleen in oudere bossen en houtwallen? Dit hangt ermee samen dat hij behalve dat hij mieren inhuurt voor de zaadverspreiding ook nog eens een halfparasiet is op boomwortels[140]. Voor de helft maakt hij zijn eigen voedsel met fotosynthese, maar voor de andere helft tapt hij dit af van bomen. Op sommige locaties is ook vastgesteld dat hengel kan parasiteren op blauwe bosbessenstruiken, maar over het algemeen verkiest hij zomereiken, berken en beuken[140]. Op deze plaats zijn waarschijnlijk de eiken naast de bosweg het slachtoffer.

16.10 Tredplanten

Tijd om terug te fietsen naar het Peeske. Ik heb de zuidelijke bossen nu ook bezocht en daarmee net als Thijsse de gehele Nederlandse Montferlandgroep doorkruist. Ik fiets via de zandweg ten oosten van de oude Eltenseweg richting de camping, dezelfde zandweg als waar ik gisteravond liep. Maar gisteravond was het al te donker om de vegetatie te bekijken. Ik stap nu halverwege de weg af om te bekijken wat er zoal groeit op en rond het pad. Het mooie aan zo'n redelijk goed belopen zandweg is dat er op het pad zelf een aantal specialistische plantensoorten groeien, die er goed tegen kunnen dat men er overheen loopt. Gewoon varkensgras (*Polygonum aviculare*), wat eigenlijk helemaal geen gras is maar een duizendknoop, bedekt grote stukken bodem op de zandweg. Waar het perzikkruid als andere duizendknoopsoort in de naastgelegen maïsakker groeit, is het veelvuldige bewandelen van het pad hem te veel. Zo is hier aan de planten te zien dat de groeiplaats van de maïsakker sterk verschilt van die van de zandweg. Een andere soort die goed tegen wandelschoenen kan en dankzij deze tolerantie veel op het pad groeit, is de schijfkamille (*Matricaria discoidea*). De echte kamille uit de naastgelegen, bloeiende graanakker had het al lang moeten ontgelden als hij op dit pad zou groeien. Dergelijke planten die goed groeien op veelbelopen plaatsen zijn beter bekend als tredplanten. Ook soorten als het straatgras (*Poa annua*) en de grote weegbree (*Plantago major*) groeien vaak op dergelijke plaatsen. Dit zijn ook vaak de planten die tussen de stoeptegels als 'onkruid' verschijnen omdat juist ook op deze plaatsen veel wordt gelopen.

De rijkdom van de inlandse biodiversiteit is blijkbaar zo groot dat zelfs extreme groeiplaatsen zoals een dagelijks belopen zandweg begroeid kunnen worden. De aanwezigheid van deze zandweg tussen de velden zorgt dus, als het gaat om flora, voor een hogere soortenrijkdom. Zou de weg worden afgesloten, dan was het spoedig gedaan met de schijfkamille en het varkensgras en werden ze weggeconcurreerd door andere soorten die minder goed tegen wandelaars kunnen.

Afbeelding 61 *Tredplanten op de zandweg:*
schijfkamille en onder vorkensgras

16.11   Respect voor de rijkdom

Eenmaal bij mijn tent aangekomen, kom ik tot de conclusie dat
ik ben vergeten de hor dicht te doen. Niet slim natuurlijk, maar
dankzij deze fout heb ik wel een aantal insecten gevangen die ik
anders waarschijnlijk niet was tegengekomen. Ik pak een glas
en scheur een stuk papier uit mijn aantekeningenschrift om de
insecten te kunnen vangen. Een tweetal Duitse wespen die naar
binnen waren geglipt, liet ik direct vrij, want een wespensteek
op de laatste dag van mijn verblijf is natuurlijk niet bepaald
aangenaam. Helaas moet ik concluderen dat ik de vele kleine
insecten niet op naam kan brengen. Cicaden, vliegjes, kevertjes
en kleine wantsen, maar de vele kleinere insectensoorten zijn
zo lastig van elkaar te onderscheiden dat alleen deskundigen op
soortgroepniveau in staat zijn hen te determineren.

Wel geeft hun aanwezigheid natuurlijk mooi aan dat we niet moeten denken alles te weten. Vaak nog worden er nieuwe soorten
ontdekt, ook in Nederland. Honderden soorten insecten leven er
in de meeste inheemse boomsoorten met elk hun eigen unieke
verhalen. Het is niet mogelijk een compleet beeld van het ecosys-

teem te schetsen in dit boek. Het zou me een mensenleven kosten al die verhalen op te zoeken en waarschijnlijk zou het me zelfs dan niet lukken. Het is wel goed te beseffen dat al deze soorten bestaan, en respect te hebben voor hun aanwezigheid. De mensheid en alles wat we in al die jaren hebben ontdekt en gemaakt is slechts een van de vele duizenden verhalen die schuilgaan in het ecosysteem. De landbouw en de medische wetenschap van de bosmieren is ook een van deze verhalen, evenals de broedbiologie van de zwarte specht, het samenwerkingsverband van bomen en schimmels, de eilegstrategie van de beukengalmug, het bondgenootschap tussen tronkenbijen en houtkevers, het opmerkelijk bestaan van de roestbruine kromlijf, en ga zo maar door. Iedere soort is op zijn eigen wijze uniek, anders was hij nooit ontstaan of al lang weggeconcurreerd door andere soorten.

Nog al te vaak wordt de mens als middelpunt van het systeem beschouwd, als 'kroon op de schepping' zelfs, maar waarom zouden wij belangrijker zijn dan de greppelsprinkhaan of de kuifmees? Ik hoop dat er een dag zal aanbreken waarop we beter nadenken over de invloed die ons handelen heeft op het wel en wee van andere soorten, en dat dit boek zal bijdragen aan een beter begrip en zo tevens een betere omgang met de soorten waar we onze leefomgeving mee delen. Het bestrijden van eikenprocessierupsen met nematoden die alle soorten vlinderrupsen vakkundig om zeep helpen, zou dan nooit door de beugel kunnen. Ook het benoemen van bijvoorbeeld ganzen en wolven als schadelijke soorten zou dan anders gaan. We zouden hen zien als soorten waar we onze voedselgebieden mee delen en instemmen met een eerlijke verdeling van het door de aarde geproduceerde voedsel.

Al die soorten die in de bomen, het struikgewas, de grazige bermen en zelfs tussen de voegen van onze tegels leven, hebben hun eigen rol. Het ontbreken van slechts enkele soorten kan doorwerken in het gehele ecosysteem. In Nederland werken we ons te pletter om ervoor te zorgen dat er niet te veel reeën zijn, dat velden open worden gehouden, dat er voldoende water wordt vastgehouden, en ga zo maar door. De enige reden dat we dit nu moeten doen, is omdat we in het verleden soorten hebben verloren door ons eigen toedoen. Lynxen en wolven konden niet langer op de reeën jagen, kuddes oerossen en bostarpans (wilde paarden) niet langer op de velden grazen en bevers konden geen dammen meer bouwen om water vast te houden in droge tijden. Gelukkig keren er langzaamaan soorten terug (lees 16.5) en zijn we ons steeds meer bewust van de biodiversiteit om ons heen. Laten we voorkomen dat de generaties na ons hun gewassen met kwastjes moeten bestuiven, mijmerend over hommels en bijen uit het verleden. We hebben al genoeg werk op ons bordje door soorten die er niet meer zijn.

17 Het Pompstation: Laatste bezoek

Nadat ik onze verhouding tot andere soorten heb zitten overpeinzen tijdens de lunch, tref ik de voorbereidingen voor de middag. Het bremveld en het distelveld wachten op mij. Daarna zal ik via een omweg langs de Dassenboomse Allee en de Kruisallee terugfietsen naar de camping en morgen in alle vroegte weer vertrekken.

Ik fiets via de rechte weg door het Bergerbos om vervolgens via de Beekseweg in de richting van het bremveld te vertrekken. Met dank aan het zonnige en warme zomerweer heb ik meer kansen om zowel reptielen als insecten te vinden die ik tijdens mijn vorige bezoek aan dit bijzondere gebied niet heb aangetroffen door de lage temperaturen (lees hoofdstuk 5). De bermen van de Beekseweg bloeien helder geelwit. Het geel walstro (*Galium verum*) is verantwoordelijk voor de gele waas en de wilde peen (*Daucus carota*) voor het witte scherm dat dit overdekt. Al snel ga ik rechtsaf de zandweg in die mij langs het bremveld voert naar de zeer bloemenrijke vegetatie. Vanuit het bremveld klinkt een vreemd tikkend geluid. Het heeft haast iets weg van de moerassprinkhanen die ik uit Friesland ken, maar die kunnen op het droge veld onmogelijk voorkomen. Het blijken de bremplanten zelf te zijn, die door het warme zomerweer hun zaaddozen openen. Net zoals uit het bremveld klinkt ditzelfde geluid ook uit de boomtoppen van het aangrenzend dennenbos, het is vandaag kennelijk de ideale dag om zaden te verspreiden.

17.1 Het dierenleven van de leembegroeiing

Ik loop met de fiets aan de hand het grindpad op en kom uit bij de prachtig bloeiende begroeiing op de lemige bodem (lees 5.1). Dit grindrijke pad naast deze vegetatie moet haast wel de blauwvleugelsprinkhaan huisvesten, en ja hoor, na even zoeken, springt het prachtige dier meters ver voor mij uit. Zonder twijfel is dit een van de mooiste insecten die in Nederland voorkomen. Bescheiden als hij zijn schoonheid bedekt met grauwgrijsgekleurde bovenvleugels, toont hij deze pas als hij opspringt. Want daaronder zitten die prachtig blauwe vleugels als waren ze van een vlinder. Deze sprinkhaan leeft de normaliter in de warme, droge vegetaties zoals naast spoorwegen en in kustduinen[141]. Dat we hem op deze plaats ook vinden hangt direct samen met de schrale begroeiing, het grindpad en de open ruimte tussen de planten. Doordat de sprinkhaan zijn heldergekleurde vleugels alleen laat zien als hij opspringt, is het me niet gelukt de kleurenpracht te fotograferen. Wel kon ik hem tekenen zodat je een indruk krijgt van de schoonheid van dit prachtige dier. Sommigen zijn in staat de sprinkhaan te 'hanteren' en zo de vleugels te fotograferen, maar dat vergt een speciale handeling. De beide achterpootjes moeten tegelijkertijd worden vastgepakt, want anders laat hij er eentje los. Dat wil ik hem natuurlijk niet aandoen, dus nam ik maar liever even de tijd om te tekenen.

De zon heeft de bodem flink opgewarmd waardoor een eindeloos gezoem en gegons van talloze insecten klinkt. Naast het grindpad ligt een houtril waar ik eens aandachtig onder wil kijken. Dit moet haast de plaats zijn waar eventuele reptielen zich op zo'n warme dag onder schuilhouden. Waar de warmteminnende reptielen in de vroege morgen van een zonnige dag juist de warmste plekken opzoeken, brengen ze het heetst van de dag liever in de luwte van een dergelijke takkenril door. En zoals een wandelaar mij had verteld, komen er nogal wat soorten voor op deze velden. Een fel groene hagedis ligt hier onder de houtstapel. Hij vlucht niet zonder pardon weg zoals de levendbaren-

Afbeelding 62 *Blauwvleugelsprinkhaan*

de dat deed, maar loopt rustig een stukje voor zich uit om vervolgens een meter verderop weer stil te gaan zitten: dit is de zandhagedis (*Lacerta agilis*). De zandhagedis is Nederlands grootste inheemse hagedissensoort en kan tot wel 21 cm lang worden[142]. Verder komen in ons land de muurhagedis en de eerder beschreven levendbarende hagedis voor, maar de muurhagedis komt enkel in Maastricht voor.

Afbeelding 63 *Zandhagedis in de luwte van de takkenril*

De zandhagedis draagt deze naam niet voor niets, hij komt in ons land namelijk alleen voor in hoge, droge zandgebieden. Hieronder vallen kust-, rivier- en landduinen en de grotere heidegebieden op de stuwwallen[142]. De levendbarende hagedis is algemener, want deze komt behalve hier ook in het natte zandlandschap voor op natte heidevelden en hoogvenen. Het feit dat ze eierlevendbarend is maakt dit mogelijk. Ze broedt haar eieren in het lichaam uit waardoor ze niet met het probleem zit dat er een plek moet worden gevonden die warm genoeg is om de eieren uit te broeden. De zandhagedis verkeert niet in die luxe, zij heeft geschikte plaatsen nodig om haar eieren te leggen. En doordat ze niet zoals vogels een nest bouwt en op de eieren broedt om ze warm te houden, is ze afhankelijk van zonbeschenen warme zandplaatsen. Het dier graaft haar eieren namelijk in op deze plaatsen en laat ze door de zon uitbroeden. Hierdoor vallen vochtige heidevelden en venen af als leefgebied. Dat het dier op dit veldje voorkomt, hangt dan ook direct samen met de aanwezigheid van voldoende plekken met kaal zand tussen de vegetatie. Werkelijk het hele dierenleven dat hier voorkomt, is op een of andere manier afhankelijk van deze zandbodem. Zij het zoals de rupsendoder om er grote afstanden te kunnen lopen door de begroeiing, zij het zoals de blauwvleugelsprinkhaan om er op te warmen of zij het om er eitjes in te graven zoals deze hagedis. De bufferende leembodem die stikstofeffecten beperkt, is de motor achter de biotoop voor deze unieke dierenwereld.

De berm van het grindpad is begroeid met akkerviooltjes en in de takkenril groeien her en der de oranje bessen en de paarse bloemen van het bitterzoet (*Solanum dulcamara*). Ik vervolg mijn weg naar het distelveld onder de uitkijktoren. Voor de laatste keer zou ik dit prachtige veld bezoeken.

17.2 Wespendoders

De zonnige dag maakt dat ik het distelveld al van een aantal meters kan horen. Zoals gebruikelijk galmt het geluid van vele greppel-sprinkhanen en zoemende hommels tot ver. Het zal mij benieuwen of ik nog nieuwe soorten kan vinden op dit veld. Uiteraard zitten alle distels vol kleine parelmoervlinders, die sinds gisteravond in groten getale in het gebied aanwezig zijn. Verder zijn het veelal dezelfde vlindersoorten als eerder al beschreven. Wel heb ik het geluk om ditmaal een echte hoornaarwesp (*Vespa crabro*) te zien, en niet zoals de vorige keer een zweefvlieg die zijn best doet om er op een te lijken (lees 13.1). De diepe zoem van deze enorme wesp is met geen ander dier te vergelijken. Het geluid bevindt zich op een andere frequentie dan het geluid van de vele hommels. Vakkundig grijpt het roofdier een Duitse wesp vanaf een distel. Met een steek verlamt ze het nietsvermoedende dier om haar ver-volgens onder haar lijf naar haar eigen immense nest te brengen.

Afbeelding 64 *Hoornaarwesp*

Thijsse schreef niets over hoornaarwespen, waarschijnlijk waren ze er ook minder dan vandaag de dag. De grootste inheemse wespensoort bouwt zijn nest namelijk vooral in oude holle bomen, en zo'n nest kan een doorsnede van wel een halve meter hebben[143]. Soms nestelen ze ook in gebouwen[143], maar aangezien er in de wijde omtrek geen gebouw is te zien, lijkt me die kans in dit geval uiterst onwaarschijnlijk. Hoewel de hoornaar aan de top van de voedselketen van het distelveld staat, is hij beslist niet agressief richting mensen. Een enorm hoornaarnest kan zonder enig probleem tot op een meter worden genaderd zonder dat de dieren steken[143]. Ook komen ze niet af op onze terrassen omdat het rasechte jagers zijn[143]. Vooral vliegen zijn in trek, maar in principe is geen enkel insect veilig voor de kaken van deze grote wesp.

Hoewel, kevers heb ik de hoornaar nog nooit succesvol zien verschalken. Hun harde dekschilden zijn waarschijnlijk een prima bescherming tegen veel roofdieren. Op een van de distels zit een koppel dennensnuittorren (*Pissodes pini*), een klein zwart kevertje dat Thijsse ook heeft aangetroffen in het gebied. Hij beschreef hoe het arme dier door de bosmieren uit elkaar werd getrokken en stukje bij beetje naar het nest werd vervoerd[1]. Bosmieren zijn door hun samenwerking in staat zelfs de goed beschermde kevers te verslinden. Juist ook omdat de snuittorren het voedsel van 'hun' bladluizen eten is het erg begrijpelijk dat de mieren deze kever niet graag zien in de buurt van hun nestplaats.

17.3 Plaagdieren

De dennensnuittor is net als de bladluizen namelijk een sapzuiger. Met zijn snuit boort hij een gaatje in een jonge dennentak om vervolgens het zoete sap uit de bastvaten tot zich te nemen. Van vroeger uit werd hij dan ook als schadelijk voor de bosbouw bestempeld omdat hij de jonge aanplant behoorlijk kon beschadigen, maar vandaag de dag is dit niet meer aan de orde[144]. Zelden worden er namelijk nog grote oppervlaktes dennenbos in één keer aangeplant waardoor grote aantallen snuitkevers zich niet snel meer kunnen vormen. Net zoals te zien is bij de letterzetters geldt dat een monocultuur van één boomsoort van één leeftijd altijd kwetsbaar is voor plagen. Gelukkig behoort die vorm van bosbouw in ons land op de meeste plaatsen tot het verleden en worden nieuwe bossen gemengd aangeplant om te voorkomen dat er ooit weer een plaag ontstaat die een geheel bos kan doden. We hebben in ons land, waar we pas een eeuw of twee actief met bosbouw bezig zijn, al heel wat plagen gezien die grote oppervlaktes bos om zeep hielpen. De iepziekte, de essentaksterfte, de letterzetters, de lariksbastkevers, de weymouthroest, de dennensnuittorren die de jonge grove dennenaanplant dood maakten, en ga zo maar door. De natuur houdt niet van monoculturen, dat zien we zowel in de landbouw als in de bosbouw. En als we ze toch aanplanten, ontstaan er plagen om de orde te herstellen. Gelukkig zien we vandaag de dag in de Montferlandse bossen amper nog monoculturen, en voor zover die nog wel aanwezig zijn, ruimen 'plaag'dieren deze op waarna een gemengd bos wordt herplant. In de toekomst maakt het hier niet meer uit welke plagen er komen, want bestaat een bos uit veel verschillende boomsoorten en wordt slechts één boomsoort getroffen door een plaag, dan zijn er voldoende andere soorten om zijn plaats op te vullen. Dat is de kracht van het gemengde bos.

Afbeelding 65 *Dennensnuittorren op akkerdistel*

Ik laat het distelveld achter mij en besluit verder te gaan. Het was me een waar genoegen om deze prachtige plaats een aantal keer te kunnen bezoeken. Gelukkig heb ik deze plaats gevonden, want met dank aan het distelveld heb ik een veel ruimer beeld gekregen van de ongekende insectenrijkdom die zich in deze bossen en de omliggende akkers ophoudt. Maar de akkerdistel is een echte pionier die het vooral goed doet op grond die een aantal jaar geleden bloot is komen te liggen. Op termijn zal het grasland en wellicht zelfs het bos deze plaats opeisen en zal het zijn gedaan met de grote rijkdom aan vlinders en andere insecten op deze plaats.

Maar nu, is dat erg? Ontstaat er elders in de lange reptielen-corridor een plaats waar de minerale aarde aan het oppervlak komt, doordat dode fijnsparrenbossen aan de rand omwaaien wellicht, dan zal zich daar een nieuw distelveld kunnen vormen. De natuur is altijd aan veranderingen onderhevig. Waar in Thijsses tijd de top van de Hettenheuvel was begroeid met een heideveldje, groeit er vandaag een oud beukenbos. En waar ik nu een distelveld aantref, vindt een toekomstige natuurlief-hebber wellicht weer een totaal ander ecosysteem. 'Plaag'dieren kunnen helpen om deze ontwikkeling in gang te zetten, door de begroeiing die er vandaag de dag aanwezig is om zeep te helpen en daarmee kansen te bieden voor iets anders. Naar mijn idee is het natuurbeleid te statisch. Er wordt te veel gericht op behoud en herstel en te weinig op verandering en lokale situaties. Hoe logisch het ook is dat we met man en macht de natuur van vandaag de dag willen behouden en de natuur van onze voorouders willen herstellen, de natuur van de toekomst zal ook zijn charme hebben. Maatwerk zou het devies moeten zijn, in plaats van vastgestelde natuurdoeltypen. Natuur is een door mensen bedacht begrip waar andere soorten maling aan hebben. En hoe onvoorspelbaar en riskant het wellicht kan zijn, zou ik toch willen voorstellen om het natuurbeheer meer natuurvolgend te maken en minder statisch.

18 De Dassenboomse Allee en de Kruisallee

Ik loop via een omweg door de bossen ten zuiden van de Hettenheuvel en ten noorden van de Beekseweg terug naar het Peeske. Hier ligt een immens beuken- en wintereikenbos, hetzelfde bostype als dat we al aantroffen op de top van de Hettenheuvel. Zoals toen al kort werd beschreven is dit het bostype wat in de drogere delen van ons land zou ontstaan als we helemaal geen natuurbeheer meer zouden uitvoeren. Als we niets doen om bijvoorbeeld het landschap op een zandverstuiving open te houden, zal de natuur er op termijn een beukenbos bouwen. Een prachtig proces dat beter bekend staat als 'progressieve successie'. Eerst leggen mossen en grassen de grond vast waarna heidevegetaties en vervolgens bossen ontstaan bestaande uit berk en grove den en in hun navolging de eiken- en beukenbossen[4]. Maar ook de invloed van grazende dieren speelde van oorsprong vermoedelijk een rol in de bosontwikkeling (lees 7.1), dus of van nature echt geheel Oost-Nederland een beukenbos zou zijn geworden als de mens niet had ingegrepen, is niet bekend.

Het is in ieder geval van groot belang dat we er door middel van goed natuurbeheer voor zorgen dat alle andere bos- en natuurtypes van de droge zandgronden, van de droge heidevelden en de grove dennenbossen tot de lichte lariksbossen en de bloemenrijke akkers, behouden blijven. Van nature zouden onze rivieren vrij stromen en lokaal rivierduinen vormen waar tevens de ontwikkeling van kaal zand tot gesloten bos zou plaatsvinden, zodat er voor alle soorten een plekje was in het landschap. Maar doordat onze rivieren zijn vastgelegd en bosbranden zo snel mogelijk worden gedoofd, is de dynamiek verdwenen waardoor we, willen we de biodiversiteit behouden, gedoemd zijn de natuur op kunstmatige wijze in stand te houden.

18.1 Orchideeën

Maar het is zeker ook geen slecht idee om lokaal de spontane ontwikkeling af te wachten zodat er beukenbossen als deze kunnen
ontstaan. Al genietend van de zang van boomklevers en vinken
loop ik de Dassenboomse Allee noordwaarts op. De schaduw
die het bos biedt is zaligmakend op een hete dag zoals vandaag.

Afbeelding 66 Boven: Beuken-, wintereikenbos.
Onder: Brede wespenorchis naast bospad

Vlakbij de kruising met de Kruisallee ligt een stapel hout waarnaast een plant groeit die Thijsse destijds had gezien ten oosten van de Galgenberg: het was de brede wespenorchis (*Epipactis helleborine*), de tedere orchidee waar ik in hoofdstuk 3 tevergeefs naar zocht. Hoe prachtig is het dat ik op mijn laatste dag, na er op de eerste dag uitvoerig naar gezocht te hebben in de berm van de Drieheuvelenweg, nog eens het geluk heb om deze orchidee te vinden. Er staan twee exemplaren die bij lange na geen meter hoog meer zijn zoals in Thijsses tijd, het houdt bij een centimeter of twintig wel op. Toch ben ik blij verrast dat ik hem nog tegenkom, want de bloem is werkelijk waar zo mooi als Thijsse hem beschrijft. Net als in Thijsses tijd is deze orchidee ook vandaag de dag nog de meest algemene orchideeënsoort van het land[145]. Langs bosranden en in loofbossen groeit hij[145], maar zelden in grote aantallen. Vroeger kwam hij vele malen meer voor dan vandaag de dag, want zoals we langs de Drieheuvelenweg al zagen, leidt stikstofdepositie tot vergrassing en verruiging van wegbermen en bosranden waardoor er geen plaats meer is voor orchissen. Gelukkig liggen er in het Montferland dus op een aantal plaatsen nog wat schralere bermen waar plaats is voor deze orchidee.

Behalve de brede wespenorchis staan hier ook weer de stinkende bosandoorns (*Stachys sylvatica*) en hoge aren van het fakkelgras (*Koeleria glauca*), en vele andere bloeiende bossoorten. Maar het wordt laat, dus ga ik terug naar de camping. Er valt nog zoveel meer te schrijven over de complexiteit van de Montferlandse bossen. Het is nagenoeg niet mogelijk om alle verhalen die in deze bossen schuilgaan te vatten in een enkel boek. Het is dan ook goed te beseffen dat alles wat je tot nu toe hebt gelezen slechts een fractie van de complexe werkelijkheid is. Ik ben blij dat ik toch nog zoveel mooie verhalen uit dit prachtige bosgebied op papier heb kunnen vastleggen. De meeste soorten die Thijsse in 1896 in dit bosgebied aantrof, heb ik nu, anno 2020, opnieuw gevonden. En niet alleen dat, een veelvoud aan karakteristieke bossoorten is sinds zijn verblijf nieuw verschenen in het Montferland, dat met het vorderen van de jaren is uitgegroeid tot een prachtig oud boslandschap. Hoewel het met veel soorten natuur erg slecht gaat, zijn de bossen het bewijs dat het ook anders kan. In ons land neemt de bosfauna netto toe[15] en verschijnen er steeds meer soorten die vaak al eeuwenlang waren verdwenen. In de samenvatting en het vooruitzicht zal ik de belangrijkste veranderingen in het Nederlandse bos die ik heb aangetroffen in het Montferland samenvatten en een blik in de toekomst geven.

Samenvatting en vooruitzicht

Zoals we hebben gezien in het Montferland zijn er zowel soorten teruggekeerd als verdwenen sinds Thijsse het gebied in 1896 bezocht. Voor het verdwijnen van soorten kunnen grofweg vijf oorzaken worden aangewezen:

» Het bos is behoorlijk wat ouder geworden, dus veel soorten van bosranden en jonge bossen zijn ofwel geheel verdwenen, ofwel zeldzamer geworden. Denk hierbij bijvoorbeeld aan de grasmus, de boswesp, de nachtzwaluw, de kuifmees en de dennensnuittor. Door de sterfte van de fijnsparrenbossen en de herplant van jonge gemengde loofbostypen verwacht ik dat er in de nabije toekomst weer een toename zal zijn van deze soortgroep in het gebied.

» Een aantal grotere insecten en de vogels die daarvan afhankelijk zijn, is uit het gebied verdwenen of in aantal achteruitgegaan. Geen veldkrekel, bosbeekjuffer, zandloopkever of gewone beervlinder heb ik nog in het gebied gevonden. Dit past in de landelijke trend van insectenafname zoals eerder is beschreven (lees 15.2).

» Door toegenomen stikstofneerslag namen de typische bospaddenstoelen in aantal af, verdwenen er planten als het stofzaad en werden veel plantensoorten, waaronder de brede wespenorchis, een heel stuk zeldzamer in het gebied.

» De muur bij het tolhuis is vernieuwd waardoor de typische muurvegetatie met wingerd en muurleeuwenbekje is verdwenen.

» Ik ben er slechts een betrekkelijk klein aantal dagen geweest en aan mij kunnen sowieso door het pure toeval en het waarnemerseffect soorten zijn ontschoten die Thijsse wel aantrof. Dat ik de vele herfstpaddenstoelen niet heb gezien is logisch aangezien ik in de zomermaanden in het gebied aanwezig ben geweest. Een heel aantal soorten dat ik niet heb waargenomen blijkt getuige de literatuur nog wel gewoon in het gebied voor te komen. De koekoek en de gekraagde roodstaart bijvoorbeeld[146], maar ook de koninginnenpage. Het waarnemen op deze manier is wetenschappelijk niet verantwoord; het geeft alleen een zeer globaal beeld van het complete plaatje. Het is ook niet mijn doel geweest om wetenschappelijk onderzoek te doen, maar meer om je een kijkje te geven in het gebied en alles wat er door de jaren is veranderd.

Gelukkig zijn er niet enkel soorten verdwenen; de meerderheid is nog altijd in het gebied aanwezig en kan worden aangevuld met een behoorlijke lijst soorten die Thijsse niet beschreef en waarvan het is uit te sluiten dat ze in zijn tijd al in het gebied, en in bredere zin in het Nederlandse bos als geheel, voorkwamen. Hiervoor zijn de volgende oorzaken te onderscheiden:

» Ten opzichte van 1896 is de gemiddelde jaartemperatuur in Nederland met maar liefst 1,9 graden gestegen ten gevolge van de mondiale klimaatverandering[147]. Hierdoor is er een migratie op gang gekomen waardoor soorten hun verspreidingsgebied noordwaarts verleggen. Een heel aantal soorten dat vandaag de dag in het Montferland aanwezig is, kon hier in 1896 simpelweg niet leven omdat het klimaat hier te koel was. Een aantal voorbeelden betreffen de pyjamaschildwants, de gehakkelde aurelia en de stadsreus.

» Door het ouder worden van het bos en het extensievere bosbeheer in ons land (minder kaalslag en meer natuurvolgend bosbeheer) zijn er veel typische bossoorten teruggekeerd die al sinds vervlogen tijden niet meer in ons land aanwezig waren. Zo trof ik in het Montferland bijvoorbeeld de zwarte specht, de hoornaarwesp, het dalkruid en de tonderzwam aan. In Thijsses tijd kwamen veel van deze bossoorten niet voor in ons land omdat vrijwel al onze bossen intensief als productielandschap werden beheerd en erg jong waren.

» Op continentale schaal is er een terugkeer gaande van inheemse wilde dieren. Dit komt doordat veel inheemse diersoorten in de Europese Unie wettelijke bescherming genieten en er op veel locaties succesvolle herintroducties hebben plaatsgevonden. Enkele voorbeelden van soorten die door deze ontwikkeling zijn teruggekeerd of in aantal zijn toegenomen in het Montferland betreffen de raaf, de boommarter en de ree. Op landelijke schaal is deze lijst nog groter en kunnen diverse soorten waaronder wolf, wilde kat, bever en wisent er nog aan worden toegevoegd.

En, hoe vreemd het je wellicht in de oren klinkt na het vele negatieve nieuws over de natuur en de biodiversiteit, netto gaat het goed met onze bossen! De hoeveelheid dood hout neemt toe (dood hout is erg belangrijk voor de biodiversiteit, lees 2.2) en de aan bossen gebonden diersoorten gaan ook gemiddeld vooruit[15]. Bosgebonden broedvogels nemen sinds 2010 sterk toe en tevens worden onze bossen gemiddeld ouder. De complete biodiversiteit van het Nederlandse bos staat er allesbehalve slecht voor en is de afgelopen decennia stabiel gebleven[148]. Wat had Thijsse het mooi gevonden tijdens zijn wandelingen te kunnen genieten van raven en zwarte spechten, van boommarters en wespendieven. De productieakker die hij als bos kende, is veranderd in een bosgebied dat steeds meer begint te lijken op het oorspronkelijke oerbos dat hier wellicht in ver vervlogen tijden aanwezig is geweest.

Bossen laten als geen ander natuurtype zien dat we een degradatie die in Nederland al duizenden jaren gaande is, door goed beleid kunnen ombuigen. Ontbossing en later herplant van intensief bewerkte houtakkers deed vele soorten de das om, maar de laatste honderd jaar wordt het Europees continent weer groener. Bossen laten zien dat het ook anders kan. Mogen we ervoor waken dat deze positieve ontwikkeling niet ten onder zal gaan aan falend stikstofbeleid en verdergaande ontbossing van het Nederlands vasteland, want ook deze negatieve ontwikkelingen zijn vandaag de dag nog altijd aanwezig[148] en dienen zoveel mogelijk te worden voorkomen. Zoals we hebben gezien, worden met name onze aan naaldbos gebonden soorten in hun voortbestaan bedreigd, maar tevens als het gaat om het behoud van naaldbos is er bij bosbeheerders gelukkig een omslag in denken gaande[72].

Als we de juiste keuzes maken, ben ik er heilig van overtuigd dat er toekomst is voor het Nederlandse bos. Door boomsoorten aan te planten die beter bestand zijn tegen grote droogtes zal er ook in een sterk opwarmend klimaat nog ruimte zijn voor bossen en alle soorten die hiervan afhankelijk zijn. Doordat hier op de Montferlandse heuvels in de gestorven fijnsparrenbossen gemengde, inheemse bossen worden teruggeplant met soorten als de zoete kers en de winterlinde, die beter bestand zijn tegen droogte, is er ook in 2146 nog ruimte voor een rijkdom aan bossoorten en kan mijn eventuele opvolger het drieluik voltooien.

Afbeelding 67 *Aanplant van Iep en Linde onder gestorven sparrenbos. Ook in de toekomst zullen et nog bossen groeien op de montferlandse heuvels.*

Wanneer we alle trends doortrekken die als oorzaken voor het verdwijnen en verschijnen van soorten ten opzichte van 1896 gezien kunnen worden, ziet de toekomst er goed uit. Wel moeten er dan goede oplossingen komen om de stikstofdepositie, de intensieve landbouw en de insectenafname een halt toe te roepen. Ervan uitgaande dat het Parijsakkoord wordt nageleefd, kan het Nederlandse bos er over een eeuw steeds meer gaan uitzien als een uiterst soortenrijke bosgemeenschap, als duurzame drager van onze biodiversiteit, waar wij slechts één soort van vormen.

Nawoord

Zo was het mogelijk een compleet boek vol te schrijven over slechts een paar vakantiedagen in de Montferlandse bossen, een bosgebied zoals er zoveel van zijn in ons land. Als je er oog voor hebt, zit het land vol boeiende verhalen. Alle soorten die er complexe relaties met elkaar op nahouden, vormen samen de ziel van het ecosysteem. Voor de onoplettende passant is een bos niets meer dan een stuk land begroeid met bomen, maar voor eenieder die er oog voor heeft, valt er zoveel meer te zien dan de bomen alleen. Samenwerking, concurrentie, parasitisme, misleiding, dynamiek, leven, dood en wedergeboorte, het gaat allemaal schuil onder de boomkronen van ogenschijnlijk doodnormale bossen. En deze rijkdom is voor iedereen te bewonderen die bereid is omhoog of omlaag te kijken. Ook nu, in een tijd waar de natuur en de biodiversiteit onder druk staat als nooit tevoren, valt er nog zoveel moois te ontdekken dat het mogelijk is om er letterlijk een boek mee te vullen.

Als kind al verbaasde ik mij erover hoe het in 's hemelsnaam toch mogelijk was dat er zoveel soorten insecten bestonden. Met een vlindernetje en een loepdoosje wandelde ik in de bossen van het Dwingelderveld als we daar met vakantie waren, en iedere vakantiedag vond ik wel weer nieuwe soorten die er weer vreemder uitzagen dan degene die ik een dag eerder had gevonden. Meikevers, sprinkhanen, vlinders, libellen, juffers, boktorren, wantsen, loopkevers, het is een ongekende verscheidenheid die zich aan mij openbaarde. En later, toen ik grote tochten liep door het uitgestrekte Nationale Park was er telkens weer meer te ontdekken. Kraanvogels die luid roepend over de heidevlaktes vlogen, jonge vossen die op afgelegen plaatsen vredig buiten speelden en wielewalen die vanuit de hoge boomtoppen hun kenmerkend gezang lieten horen. Geen dag ging er voorbij zonder dat ik mij verwonderde over al het moois dat de natuur te bieden heeft.

Het baart me zo'n zorgen dat de kinderen van vandaag de dag, mede door ouderlijke angst dat hen iets zal gebeuren, deze verbazingwekkende wereld niet meer te zien krijgen. Ze zitten hele dagen binnen achter een beeldscherm en zien niets van de buitenwereld met al zijn unieke verhalen. De nieuwe generatie kent straks de waterkevers niet meer, ze weten niet wat spechten zijn en ze hebben nooit het avontuur gekend wat bij de lange zwerftochten door uitgestrekte natuurgebieden hoort. Het verdwalen in de enorme dennenbossen, het schuilen voor krachtige onweersbuien in een greppel op de hei, het gevoel van de harde zeewinden die in december de kustduinen het achterland in blazen, het bewonderen van de grote Rijn die in de winter zijn stroomdal onder water zet, de eenwording met de aarde die ons dagelijks voedsel verschaft, ze kennen het niet en alles wat ze beleven, speelt zich af in de virtuele wereld en binnenshuis.

En niet enkel kinderen, ook volwassenen lijken al minder te weten van wat zich buiten afspeelt. Kijk alleen al naar het assortiment aan zwaar giftige stoffen die in de winkels wordt verkocht voor het doden van vrijwel alles wat leeft rond onze huizen. Slakken, vliegen, mieren, wespen, rupsen, muizen, werkelijk alles waar we maar een beetje last van hebben moet en zal worden doodgemaakt. En waagt zich ook maar één sprietje straatgras in de voegen tussen onze betegelde tuinen, dan wordt deze als onkruid afgedankt en doodgespoten. We hebben geen flauw benul wat we aan het doen zijn met elkaar, en precies dat komt omdat we onze verbinding met en onze kennis van het ecosysteem hebben verloren. Wie denkt er bij het uitstrooien van slakkenkorrels na over verhongerende egelnestjes? Wie denkt er bij het plaatsen van mierenlokdoosjes na over tuinplanten die door grote aantallen rupsen tot de grond toe worden afgevreten? Wie denkt er bij het smoren van een wespennest na over de 5000 kilo insecten die het nest gratis en voor niets rond het huis verwijdert?

Deze houding tegenover andere soorten en de natuur als geheel heeft de afgelopen eeuw enorm veel schade toegebracht aan onze natuurlijke omgeving. Alles moest wijken voor de vooruitgang, beken zijn rechtgetrokken, heidevelden ontgonnen, weidegebieden ontwaterd en bossen opgeruimd voor de al maar groeiende welvaart. Wilde dieren zijn gevangen om verkocht te worden op wildmarkten, en dat is de druppel geweest. Een virus ontwikkelde zich dat de mensheid nu al een hele tijd in bedwang houdt en onze normale levens min of meer onmogelijk heeft gemaakt. Hebben we misschien nu geleerd dat een omslag in denken en handelen de enige oplossing vormt?

Thijsse maakte zich al ernstig zorgen over deze ontwikkeling en richtte samen met zijn vriend Eli Heimans de Vereniging tot Behoud van Natuurmonumenten op[2]. Zijn doel was om de natuur bij de mensen thuis te brengen zodat men zich zou verwonderen en het belang van de natuurbescherming zou inzien. Hij bezocht verschillende landschappen in Nederland en schreef kundig op wat hij er zoal waarnam zodat de mensen thuis zich konden verwonderen over de schoonheid van de natuur en er zelf ook op uit zouden trekken. Om die reden bezocht Thijsse ook het Montferland, als representatie van de Nederlandse bossen. Natuurmonumenten verwierf leden en geld en was zo in staat om land aan te kopen en dit te behoeden voor de expansiedrift van de mens. Gelukkig zijn er mede dankzij Natuurmonumenten uitgestrekte gebieden behoed voor ontginning.

En niet enkel Natuurmonumenten zag de waarde van de natuurlijke leefomgeving in. De gehele maatschappij begint te zien dat we natuur nodig hebben om te overleven, het is zelfs zo'n sterk verlangen dat het op de politieke agenda is verschenen. Doordat in 1990 het Natuurbeleidsplan is geschreven en het idee is ontstaan om eerder ontgonnen natuur weer opnieuw als natuurgebied in te richten zodat bestaande gebieden niet langer geïsoleerde eilanden vormen, treedt nu voorzichtig herstel op van onze biodiversiteit[149]. En ook op Europese schaal is met de invoering van de Vogel- en Habitatrichtlijn een basis gelegd voor het behoud van de biodiversiteit op continentale schaal[150]. Kwelders en heidevelden zijn hersteld, houtproductie is naar de achtergrond verdwenen in de Nederlandse bossen, nieuwe vennen en moerassen zijn aangelegd, uitgestorven dieren opnieuw geïntroduceerd en de natuur-inclusieve landbouw is bezig met een opmars.

Ook zijn er steeds vaker burgerinitiatieven om het verlies aan biodiversiteit een halt toe te roepen. Door al onze inspanningen kunnen we als een van de weinige landen in de wereld zeggen dat onze biodiversiteit niet netto achteruit-, maar netto vooruitgaat[151]. Sinds het dieptepunt in de jaren tachtig, toen onze grote rivieren giftige stroomgoten waren, is onze natuur enorm verbeterd. We hebben hier weer otters, grauwe ganzen, raven, kraanvogels, zeearenden, wilde katten, visarenden, oehoes, wisenten, bevers, steuren, zalmen, wolven, wilde runderen en paarden, en ga zo maar door. Dit hebben we allemaal te danken aan de natuurbescherming en er is geen enkel ander continent op aarde waar wilde dieren met zulk een noodvaart terugkeren als in Europa.

We bevinden ons wat het Nederlandse bos aangaat in een tijd van herstel, niet langer in een tijd van destructie. We hebben het voor elkaar gekregen dat lang verdwenen soorten zijn teruggekeerd en we zien onze bossen ieder jaar ouder en rijker worden. Daarom wil ik dit boek afsluiten met dezelfde boodschap als Thijsse. Trek er op uit, om te genieten en om waar te nemen, trek er op uit om met eigen ogen te zien welk een ongekende rijkdom zich schuilhoudt in onze uitgestrekte bossen.

Literatuur

1. Heimans, E., & Thijsse, J. P. (1896). *Hei en Dennen.* Amsterdam: W. Versluys. Opgeroepen op juli 16, 2020
2. Natuurmonumenten. (sd). *Onze ontstaansgeschiedenis.* Opgeroepen op september 13, 2020, van website van Natuurmonumenten: https://www.natuurmonumenten. nl/ontstaansgeschiedenis
3. Janssen, P., Boosten, M., Cassaert, M., Cornelis, J., Thomassen, E., & Winnock, M. (2016). *Praktijkboek Bosbeheer.* Wageningen: Stichting Probos. Opgeroepen op juli 16, 2020
4. Hennekens, S., Smits, N., & Schaminée, J. (2010). SynbioSys Nederland versie 2. Wageningen UR: Alterra.
5. Bosgroep Midden-Nederland. (2018, april 25). *Lanenherstel in de Achterhoek.* Opgeroepen op juli 16, 2020, van website van Bosgroep Midden-Nederland: https://bosgroepen.nl/bosgroep-midden-nederland/ lanenherstel-in-de-achterhoek/
6. Willems, M. (2016, juli 13). *Perzikkruid.* Opgeroepen op juli 16, 2020, van webblog van de wilde planten in Brugge: http://wildeplanteninbrugge.blogspot. com/2016/07/perzikkruid.html
7. Londo, G. (1991). *Natuurbeheer in Nederland. dl. 4: Natuurtechnisch bosbeheer.* Wageningen: Pudoc. Opgeroepen op juli 16, 2020
8. Sierdsema, H. (1995). *Broedvogels en Beheer.* Staatsbosbeheer. Nijmegen: Druk & Vorm – Nijmegen. Opgeroepen op juli 16, 2020, van https://www.sovon.nl/sites/default/files/ doc/SOVON-Onderzoeksrapport_1995-04_Broedvogels_ en_beheer.pdf

9. Ontwikkeling + beheer natuurkwaliteit. (2015). *Arme bossen verdienen beter.* Driebergen: OBN/VBNE. Opgeroepen op juli 16, 2020, van https://www.natuurkennis.nl/Uploaded_files/Publicaties/obn-armebossen-lr.d607b9.pdf

10. Zoogdiervereniging. (2020). *Das.* Opgeroepen op juli 16, 2020, van website van de Zoogdiervereniging: https://www.zoogdiervereniging.nl/zoogdiersoorten

11. BIJ12. (2017). *Kennisdocument Das Meles meles.* Utrecht: BIJ12. Opgeroepen op juli 16, 2020

12. Schaminée, J., Haveman, R., Hennekens, S., Horsthuis, M., Janssen, J., Ronde, I. d., ... Sýkora, K. (2019). *Veldgids Plantengemeenschappen van Nederland.* Zeist: KNNV Uitgeverij. Opgeroepen op juli 16, 2020

13. Janssen, P., & Benthem, M. v. (2008). *Bosbeheer en biodiversiteit.* Utrecht: Uitgeverij Matrijs. Opgeroepen op juli 16, 20203:

14. Sverdrup-Thygeson, A. (2018). *Terra Insecta.* Amsterdam: debezigebij. Opgeroepen op juli 16, 2020

15. Oldenburger, J. (2019). *Stand van zaken bos in Nederland.* Wageningen: Stichting Probos. Opgeroepen op juli 16, 2020

16. Compendium voor de leefomgeving. (2014, juli 13). *Ecosystemen/Dood hout en bosbeheer, 2001-2013.* Opgeroepen op juli 19, 2020, van website van Compendium voor de leefomgeving: https://www.clo.nl/indicatoren/nl1166-dood-hout-en-bosbeheer#:~:text=In%20bossen%20komt%20tegenwoordig%20veel,1985%20wel%20het%20geval%20was.

17. KNBV. (2006). *Vakblad Natuur Bos Landschap.* Opgeroepen op juli 16, 2020

18. Vogelbescherming. (2020). *Havik.* Opgeroepen op juli 16, 2020, van website van de Vogelbeschermming: https://www.vogelbescherming.nl/ontdek-vogels/kennis-over-vogels/vogelgids/

19. Vogelbescherming. (2020). *Sperwer*. Opgeroepen op juli 16, 2020, van website van de Vogelbescherming: https://www.vogelbescherming.nl/ontdek-vogels/kennis-over-vogels/vogelgids/

20. Vogelbescherming. (2020). *Bosuil*. Opgeroepen op juli 16, 2020, van website van de Vogelbescherming: https://www.vogelbescherming.nl/ontdek-vogels/kennis-over-vogels/vogelgids/

21. Jong, J. d., Bloem, J., Delft, S. v., Hommel, P., Oosterbaan, A., & Waal, R. d. (2015). *Ecologie van bosbodems*. Wageningen: Alterra Wageningen UR. Opgeroepen op juli 17, 2020

22. Kadaster. (1850). *1850*. Opgeroepen op juli 17, 2020, van website van Topotijdreis: https://topotijdreis.nl/

23. Arets, E. (2018). *Klimaatcijfers voor natuur*. Wageningen: Wageningen Environmental Research. Opgeroepen op juli 17, 2020

24. Wingerden, W. v., Odé, B., Willemse, L., Nieukerken, E. v., & Kleukers, R. (sd). *Boskrekel Nemobius sylvestris*. Opgeroepen op juli 18, 2020, van website van het Nederlands Soortenregister: https://www.nederlandsesoorten.nl/linnaeus_ng/app/views/species/nsr_taxon.php?id=169890&cat=147

25. Flora van Nederland. (2020). *Robinia*. Opgeroepen op juli 20, 2020, van website van Flora van Nederland: https://www.floravannederland.nl/planten/robinia

26. Dam, A. v. (2017, april 3). *wortelknolletjes-verdienen-nobelprijs*. Opgeroepen op juli 20, 2020, van website van Annemarie van Dam Bodem en Groen: https://annemarievandam.nl/2017/04/03/wortelknolletjes-verdienen-nobelprijs/

27. Lammers, L. P. (2003, juli 3). *Mest is goed voor planten en verzuring bestaat niet*. Opgeroepen op juli 20, 2020, van website van Kennislink: https://www.nemokennislink.nl/publicaties/mest-is-goed-voor-planten-en-verzuring-bestaat-niet/

28. Zoogdiervereniging. (2020). *Ree.* Opgeroepen op juli 20, 2020, van website van de Zoogdiervereniging: https://www.zoogdiervereniging.nl/zoogdiersoorten

29. Lans, H. v., & Poortinga, G. (1986). *Natuurbos in Nederland.* Amsterdam: IVN. Opgeroepen op juli 20, 2020

30. Wespenbeheer. (2020). *Wespen zijn nuttig.* Opgeroepen op juli 21, 2020, van website van wespenbeheer: https://www.wespenbeheer.nl/Wespen

31. Jongmans, A., Berg, M. v., Sonneveld, M., Peek, G., & Saparoea, R. v. (2013). *Landschappen van Nederland.* Wageningen: Wageningen Academic Publishers. Opgeroepen op juli 21, 2020

32. Kadaster. (1896). *1896-2020.* Opgeroepen op juli 21, 2020, van website van topotijdreis: https://topotijdreis.nl/

33. Kleukers, R. (2007). *De sprinkhanen van Nederland en België.* Den Haag: Jeugdbondsuitgeverij.

34. Odé, B. v., W.K.R.E., W., Willemse, L., Nieukerken, E. v., & Kleukers, R. (2015, augustus 10). *Veldkrekel Gryllus campestris.* Opgeroepen op juli 21, 2020, van website van het Nederlands Soortenregister: https://www.nederlandsesoorten.nl/linnaeus_ng/app/views/species/nsr_taxon.php?id=169886&cat=160

35. Vogelbescherming. (2020). *Grauwe klauwier.* Opgeroepen op juli 21, 2020, van website van de Vogelbescherming: https://www.vogelbescherming.nl/ontdek-vogels/kennis-over-vogels/vogelgids/

36. EIS kenniscentrum. (2020). *Relaties met andere soorten.* Opgeroepen op juli 21, 2020, van website van EIS kenniscentrum: https://www.bosmieren.nl/ecosysteem/relaties-met-andere-soorten

37. Schilthuizen, M. (2018). *Darwin in de stad.* Meppel: Drukkerij Bariet ten Brink. Opgeroepen op juli 21, 2020

38. Vogelwerkgroep Zuid-Kennemerland. (2011). *De Raaf (corvus corax): Van godenvogel tot schobbejak.* Opgeroepen op juli 21, 2020, van website van natuurtijdschriften: http://natuurtijdschriften.nl/search?identifier=517111

39. Kabadayi, C. (2016, april 17). *Raven zijn even slim als chimpansees.* Opgeroepen op juli 22, 2020, van NU.nl: https://www.nu.nl/wetenschap/4253238/raven-even-slim-als-chimpansees.html

40. Vogelbescherming. (2020). *Raaf.* Opgeroepen op juli 22, 2020, van website van de Vogelbescherming: https://www.vogelbescherming.nl/ontdek-vogels/kennis-over-vogels/vogelgids/

41. Isgeschiedenis. (2012, juni 11). *KRAAIEN: VEREERD EN VERVOLGD.* Opgeroepen op juli 22, 2020, van website van Isgeschiedenis: https://isgeschiedenis.nl/nieuws/kraaien-vereerd-en-vervolgd

42. ARK Natuurontwikkeling. (2016, december 11). *De Waarde Van Dode Grazers.* Opgeroepen op juli 22, 2020, van website van ARK: https://www.ark.eu/nieuws/2016/de-waarde-van-dode-grazers

43. ARK Natuurontwikkeling. (2015). *Dood doet leven.* ARK Natuurontwikkeling. Opgeroepen op juli 22, 2020

44. Kadaster. (1977). *1977.* Opgeroepen op juli 22, 2020, van website van topotijdreis: https://topotijdreis.nl/

45. PDOK Viewer. (2020). *Basisregistratie Ondergrond (BRO)/ BRO Bodemkaart – Bodemvlakken.* Opgeroepen op juli 22, 2020, van website van PDOK Viewer: https://www.pdok.nl/viewer/

46. Heitmans, W. (2020). *Grote rupsendoder Ammophila sabulosa.* Opgeroepen op juli 22, 2020, van website van het Nederlands Soortenregister: https://www.nederlandsesoorten.nl/linnaeus_ng/app/views/species/nsr_taxon.php?id=165085&cat=152&epi=1

47. Pols, M. (2019, februari 20). *Eerst de droogte, toen de kever: bijna alle fijnsparren zijn dood.* Opgeroepen op juli 22, 2020, van website van de Gelderlander: https://www.gelderlander.nl/achterhoek/eerst-de-droogte-toen-de-kever-bijna-alle-fijnsparren-zijn-dood~a06597c9/

48. GoedBodemBeheer. (2020). *Bodem en stoffen/7. Zuurstof.* Opgeroepen op juli 24, 2020, van website van goedbodembeheer: https://www.goedbodembeheer.nl/bodem-en-stoffen#cenn

49. Speelman, J., & Lemmers, N. (sd). *Het geslacht Arctium: van klit tot klittenband.* Opgeroepen op juli 24, 2020, van website van hunebednieuwscafé: https://www.hunebednieuwscafe.nl/2017/12/geslacht-arctium-klit-tot-klittenband/

50. De Vlinderstichting. (2015, februari 3). *Zaai geen carnavalsmengsel.* Opgeroepen op juli 25, 2020, van website van de vlinderstichting: https://www.vlinderstichting.nl/actueel/nieuws/nieuwsbericht/zaai-geen-carnavalsmengsel

51. Scharenburg, K. v., Hoff, J. v., Koks, B., & Klinken, A. v. (1990). *AKKERVOGELS IN GRONINGEN.* Groningen: Werkgroep Akkervogels:. Opgeroepen op juli 25, 2020

52. Vera, F. (2005). *Wildernis in Nederland.* Tirion natuur. Opgeroepen op juli 27, 2020

53. RECOURCE. (1997, november 27). *Wetenschap uit twijfels over het parkachtig landschap van Vera.* Opgeroepen op juli 27, 2020, van website van Resource: https://resource.wur.nl/nl/show/-Wetenschap-uit-twijfels-over-het-parkachtig-landschap-van-Vera.htm

54. Hart van Nederland. (2009, oktober 6). *oerbos-gevonden-bij-abcoude.* Opgeroepen op juli 27, 2020, van website van Hart van Nederland: https://www.hartvannederland.nl/top-nieuws/2009/oerbos-gevonden-bij-abcoude/

55. Manen, W. v. (2020). *Zwarte specht Dryocopus martius.* Opgeroepen op juli 28, 2020, van website van het Nederlands soortenregister: https://www.nederlandsesoorten.nl/linnaeus_ng/app/views/species/nsr_taxon.php?id=139833

56. Bengevoord, J. (2020, mei 29). *Het fanatieke hakwerk van de zwarte specht: Twente had de primeur.* Opgeroepen op juli 28, 2020, van website van de gelderlander: https://www.gelderlander.nl/enschede/het-fanatieke-hakwerk-van-de-zwarte-specht-twente-had-de-primeur~a26d5e109/

57. Vogelbescherming. (2020). *Zwarte specht.* Opgeroepen op juli 28, 2020, van website van de Vogelbescherming: https://www.vogelbescherming.nl/ontdek-vogels/kennis-over-vogels/vogelgids/

58. Berg, L.-J. v. (sd). *De Glimworm.* Opgeroepen op juli 28, 2020, van website van de KNNV: https://www.knnv.nl/de-glimworm

59. Soortenbank. (sd). *Beukengalmug (Mikiola fagi).* Opgeroepen op juli 28, 2020, van website van Soortenbank: http://www.soortenbank.nl/soorten.php?soortengroep=insecten&id=671

60. Kadaster. (1908). *1908.* Opgeroepen op juli 29, 2020, van website van Topotijdreis: https://topotijdreis.nl/

61. AHN Viewer. (2020). *AHN3 maaiveld – Hillshade.* Opgeroepen op juli 29, 2020, van website van arcgis online: https://ahn.arcgisonline.nl/ahnviewer/

62. Soortenbank. (sd). *Driehoornmestkever (Typhaeus typhoeus).* Opgeroepen op juli 29, 2020, van website van Soortenbank: http://www.soortenbank.nl/soorten.php?soortengroep=insecten&id=556

63. Lahr, J., & Pol, J. v. (2007). *Mestfauna en duurzame landbouw.* Wageningen: Alterra. Opgeroepen op juli 29, 2020, van http://www2.alterra.wur.nl/Webdocs/PDFFiles/Alterrarapporten/AlterraRapport1473.pdf

64. Ontwikkeling + Beheer Natuurkwaliteit. (2020). *Nat zandlandschap.* Opgeroepen op juli 29, 2020, van website van Natuurkennis: https://www.natuurkennis.nl/landschappen/nat-zandlandschap/nat-zandlandschap/algemeen-nat-zand/

65. WUR. (2014). *Handboek Melkveehouderij*. Wageningen: WUR. Opgeroepen op juli 29, 2020

66. Staatsbosbeheer. (2017). *Beheerplan Drents Friese Wold & Leggelderveld*. Den Haag: Provincie Drenthe. Opgeroepen op juli 29, 2020

67. Linnartz, L., Vermeulen, R., & Doorn, M. v. (2007). Effecten van Wisenten op houtige gewassen. *Vakblad natuur bos landschap*, 26-30. Opgeroepen op juli 29, 2020

68. Dongen, A. v. (2019, april 12). *Noodkreet natuurorganisaties: stop met kaalkap bossen in Nederland*. Opgeroepen op juli 29, 2020, van website van het AD: https://www.ad.nl/binnenland/noodkreet-natuurorganisaties-stop-met-kaalkap-bossen-in-nederland~a712f8cd/

69. Kwak, R., Beusekom, R. v., Foppen, R., Kooijmans, J. L., & Pater, K. d. (2018). *Bedreigde vogels in Nederland*. Zeist: KNNV Uitgeverij. Opgeroepen op juli 29, 2020

70. Compendium voor de leefomgeving. (2013). *Ecosystemen/ Areaal bostypen 1984 – 2013*. Opgeroepen op juli 30, 2020, van website van het Compendium voor de Leefomgeving: https://www.clo.nl/indicatoren/nl1160-arealen-van-bostypen

71. Nederlandse Mycologische Vereniging. (2010). *Naaldbossen in Nederland*. Nederlandse Mycologische Vereniging. Opgeroepen op juli 30, 2020

72. Mycologische Vereniging Nederland. (2017). *Fijnsparrenbosreservaten in Drenthe*. Opgeroepen op juli 30, 2020, van website van Allesoverpaddenstoelen: https://www.allesoverpaddenstoelen.nl/Aop3_reservaten.html

73. Flora of North America. (sd). *Distribution map of Pinus Strobus*. Opgeroepen op augustus 3, 2020, van website van Flora of North America: http://www.efloras.org/object_page.aspx?object_id=5250&flora_id=1

74. BOS., P. D. (1920). *TIJDSCHRIFT OVER PLANTENZIEKTEN*. NEDERLANDSCHE PHYTOPATHOLOGISCHE (PLANTENZIEKTENKUNDIGE) VEREENIGING. Opgeroepen op augustus 3, 2020

75. Neut, W. v. (sd). *Pinus strobus / Weymouthden*. Opgeroepen op augustus 3, 2020, van webblog bosennatuur: https://bosennatuur.wordpress.com/naaldbomen/pinus-strobus-weymouthden/

76. De Vlinderstichting. (2016, mei 26). *Nieuwsbericht – Brandnetels voor vlinders*. Opgeroepen op augustus 6, 2020, van website van de vlinderstichting: https://www.vlinderstichting.nl/actueel/nieuws/nieuwsbericht/brandnetels-voor-vlinders

77. Nederlands Soortenregister. (2020). *Gewone distelboktor Agapanthia villosoviridescens*. Opgeroepen op augustus 6, 2020, van website van het Nederlands Soortenregister: https://www.nederlandsesoorten.nl/linnaeus_ng/app/views/species/nsr_taxon.php?id=156337&cat=152

78. Vogelbescherming. (2020). *Zwartkop*. Opgeroepen op augustus 6, 2020, van website van de Vogelbescherming: https://www.vogelbescherming.nl/ontdek-vogels/kennis-over-vogels/vogelgids/

79. Flora van Nederland. (sd). *Amerikaanse vogelkers – Prunus serotina*. Opgeroepen op augustus 7, 2020, van website van Flora van Nederland: https://www.floravannederland.nl/planten/amerikaanse_vogelkers

80. NATURALIS. (2016, mei 11). *Bospest blijkt zegen voor inheems insectenleven*. Opgeroepen op augustus 6, 2020, van website van Nature Today: https://www.naturetoday.com/intl/nl/nature-reports/message/?msg=22703

81. Gravendeel, B. (2016). *Amerikaanse vogelkers door evolutie ingehaald*. Leiden: NATURALIS Biodiversity Center. Opgeroepen op augustus 6, 2020

82. Nederlands Soortenregister. (2020). *Boswesp Dolichovespula sylvestris*. Opgeroepen op augustus 6, 2020, van website van het Nederlands Soortenregister: https://www.nederlandsesoorten.nl/linnaeus_ng/app/views/species/nsr_taxon.php?id=165057&cat=152&epi=1

83. KNMI. (2020, mei 26). *Vaker droogte in het binnenland*. Opgeroepen op augustus 8, 2020, van website van het KNMI: https://www.knmi.nl/over-het-knmi/nieuws/vaker-droogte-in-het-binnenland

84. Zuilichem, J. v. (2006). *Diversiteit voor Stabiliteit*. Wageningen: Wageningen UR. Opgeroepen op augustus 8, 2020

85. Vogelbescherming. (2020). *Gele kwikstaart*. Opgeroepen op augustus 8, 2020, van website van de Vogelbescherming: https://www.vogelbescherming.nl/ontdek-vogels/kennis-over-vogels/vogelgids/

86. De Vlinderstichting. (2020). *BRUIN BLAUWTJE*. Opgeroepen op augustus 8, 2020, van website van de vlinderstichting: https://www.vlinderstichting.nl/vlinders/overzicht-vlinders/details-vlinder/bruin-blauwtje

87. Oud, M. (2014, december 31). *Het belang van de enige Echte tonderzwam*. Opgeroepen op augustus 9, 2020, van website van Naturetoday: https://www.naturetoday.com/intl/nl/nature-reports/message/?msg=21813

88. NDFF. (1990). *Echte tonderzwam*. Opgeroepen op augustus 9, 2020, van websitte van NDFF Verspreidingsatlas: https://www.verspreidingsatlas.nl/0316010#

89. Flora Europa. (sd). *Rupsendoder*. Opgeroepen op augustus 9, 2020, van website van Flora Europa: https://zwammen.floraeuropa.eu/nl/zoekresultaat/paddestoel-of-zwam/rupsendoder-detail

90. Keer, K. v. (2014, januari 27). *Herfsthangmatspin is Europese Spin van het jaar*. Opgeroepen op augustus 9, 2020, van website van Nature Today: https://www.naturetoday.com/nl/nl/nature-reports/message/?msg=19496

91. Enthoven, H. (sd). *Schapenteek*. Opgeroepen op augustus 10, 2020, van website van IVN: https://www.ivn.nl/ afdeling/voorne-putten-rozenburg/schapenteek

92. Nederlandse Bijen. (2013, juli). *Tronkenbij*. Opgeroepen op augustus 11, 2020, van Wildebijen.nl: https://www. wildebijen.nl/tronkenbij.html

93. Instituut voor natuur, educatie & duurzaamheid. (sd). *Insekten en geleedpotigen*. Opgeroepen op augustus 12, 2020, van website van Natuurgidsverhalen: https://sites. google.com/site/natuurgidsverhalen/waarnemingen/ insekten-en-geleedpotigen

94. Nederlands Soortenregister. (sd). *Pyjamaschildwants Graphosoma italicum*. Opgeroepen op augustus 12, 2020, van website van het Nederlands Soortenregister: https:// www.nederlandsesoorten.nl/linnaeus_ng/app/views/ species/nsr_taxon.php?id=157992&cat=&epi=1

95. Koudekerke, A. d. (sd). *Wantsen*. Opgeroepen op augustus 12, 2020, van website van AHW: https://www.ahw.me/indexwantsen.html

96. Jong, M. d. (2015, september 29). *Een invasie van warmteminnende soorten*. Opgeroepen op augustus 12, 2020, van website van NemoKennislink: https://www.nemokennislink. nl/publicaties/een-invasie-van-warmteminnende-soorten/

97. De Vlinderstichting. (sd). *KLEINE VUURVLINDER LYCAENA PHLAEAS*. Opgeroepen op augustus 12, 2020, van website van de Vlinderstichtig: https://www. vlinderstichting.nl/vlinders/overzicht-vlinders/details-vlinder/kleine-vuurvlinder

98. Nederlandse bijen en hun relaties. (2020). *Pluimvoetbij*. Opgeroepen op augustus 12, 2020, van website van Nederlandse bijen en hun relaties: https://www. wildebijen.nl/pluimvoetbij.html

99. Vogelbescherming. (2020). *Kwartel*. Opgeroepen op augustus 12, 2020, van website van de Vogelbescherming: https://www.vogelbescherming.nl/ontdek-vogels/kennis-over-vogels/vogelgids

100. Soortenbank. (sd). *Regenboogrussula (Russula cyanoxantha)*. Opgeroepen op augustus 13, 2020, van website van Soortenbank: http://www.soortenbank.nl/soorten.php?soortengroep=paddenstoelen&id=755&menuentry=soorten

101. BV, P. H. (Regisseur). (2017). *PHC Film: Grond is een levend organisme* [Film]. Opgeroepen op augustus 13, 2020

102. PHC. (sd). *Alles over Mycorrhiza*. Opgeroepen op augustus 13, 2020, van website van Plant Health Cure: https://www.phc.eu/kennis/alles-over-mycorrhiza/

103. Wohlleben, P. (2016). *Het Verborgen leven van bomen*. Amsterdam: A.W. Bruna Uitgevers. Opgeroepen op augustus 13, 2020

104. News, B. (Regisseur). (2018). *How trees secretly talk to each other* [Film]. Opgeroepen op augustus 13, 2020

105. NDFF. (2020). *Hanenkam*. Opgeroepen op augustus 13, 2020, van website van NDFF verspreidingsatlas: https://www.verspreidingsatlas.nl/0275010

106. NDFF. (2020). *Stofzaad*. Opgeroepen op augustus 14, 2020, van website van NDFF Verspreidingsatlas: https://www.verspreidingsatlas.nl/0834#

107. Vogelbescherming. (2020). *Sijs*. Opgeroepen op augustus 14, 2020, van website van de Vogelbescherming: https://www.vogelbescherming.nl/ontdek-vogels/kennis-over-vogels/vogelgids/

108. Vogelbescherming. (2020). *Kruisbek*. Opgeroepen op augustus 14, 2020, van website van de Vogelbescherming: https://www.vogelbescherming.nl/ontdek-vogels/kennis-over-vogels/vogelgids/

109. Vogelbescherming. (2020). *Grutto*. Opgeroepen op augustus 14, 2020, van website van de Vogelbescherming: https://www.vogelbescherming.nl/ontdek-vogels/kennis-over-vogels/vogelgids/

110. Vogelbescherming. (2020). *Wulp*. Opgeroepen op augustus 14, 2020, van website van de Vogelbescherming: https://www.vogelbescherming.nl/ontdek-vogels/kennis-over-vogels/vogelgids/

111. RAVON. (sd). *Levendbarende hagedis*. Opgeroepen op augustus 14, 2020, van website van RAVON: https://www.ravon.nl/Soorten/Soortinformatie/levendbarende-hagedis

112. Vogelbescherming. (2020). *Wespendief*. Opgeroepen op augustus 14, 2020, van website van de Vogelbescherming: https://www.vogelbescherming.nl/ontdek-vogels/kennis-over-vogels/vogelgids/

113. Natuurinformatie. (sd). *Mimicry*. Opgeroepen op augustus 15, 2020, van website van Natuurinformatie: http://www.natuurinformatie.nl/nnm.dossiers/natuurdatabase.nl/i000644.html

114. De Vlinderstichting. (sd). *Blauwe juffers herkennen*. De Vlinderstichting. Opgeroepen op augustus 15, 2020

115. De Vlinderstichting. (2016, mei 9). *Warm weer lokt libellen uit het water*. Opgeroepen op augustus 15, 2020, van website van De Vlinderstichting: https://www.vlinderstichting.nl/actueel/nieuws/nieuwsbericht/warm-weer-lokt-libellen-uit-het-water#:~:text=Ze%20gaan%20soms%20tot%20vele,jonge%20libellen%20bij%20elkaar%20zien.

116. Oossanen, L. v. (2016, september 5). *Lariks in de honing?* Opgeroepen op augustus 15, 2020, van webblog van Staatsbosbeheer Drents Friese Wold: https://www.boswachtersblog.nl/drentsfriesewold/2016/09/05/lariks-in-de-honing/

117. Grave, J. (2016, juni 9). *Foto's/geleedpotigen/roestbruine-kromlijf*. Opgeroepen op augustus 19, 2020, van website van Vroege Vogels: https://vroegevogels.bnnvara.nl/community/fotos/geleedpotigen/roestbruine-kromlijf/257413

118. Geld, J. v., Groen, N., & Veer, R. v. (2013). *Weidevogels in een veranderend landschap*. Zeist: KNNV Uitgeverij. Opgeroepen op augustus 19, 2020

119. Laan, T. v. (2019, december 18). *Proef rond Aldeboarn om steenmarters te vangen en doden werpt z'n vruchten af*. Opgeroepen op augustus 19, 2020, van website van de

Leeuwarder Courant: https://www.lc.nl/friesland/heeren-veen/Proef-rond-Aldeboarn-om-steenmarters-te-vangen-en-doden-werpt-zn-vruchten-af-25154454.html?har-vest_referrer=https%3A%2F%2Fwww.google.com%2F

120. Zoelen, J. v. (2019, september 26). *Vossenrasters in de praktijk: Eem- en Amstelland.* Opgeroepen op augustus 19, 2020, van website van de Vogelbescherming: https://www.vogelbescherming.nl/actueel/bericht/vossenrasters-in-de-praktijk-eem-en-amstelland

121. Soortenbank. (sd). *Landkaartje (Araschnia levana).* Opge-roepen op augustus 19, 2020, van website van Soorten-bank: http://www.soortenbank.nl/soorten.php?soorten-groep=insecten&id=1127&menuentry=groepen

122. Oosten, M. v. (sd). *Zwavelzwam.* Opgeroepen op augustus 19, 2020, van website van IVN Voorne Putten Rozenburg: https://www.ivn.nl/afdeling/voorne-putten-rozenburg/zwavelzwam-0

123. De Vlinderstichting. (sd). *KLEINE PARELMOERVLINDER ISSORIA LATHONIA.* Opgeroepen op augustus 25, 2020, van website van de Vlinderstichting: https://www.vlinderstichting.nl/vlinders/overzicht-vlinders/details-vlinder/kleine-parelmoervlinder

124. VALA. (2020). *DE KLEINE PARELMOERVLINDER GESIGNALEERD IN KRUIDENRIJKE AKKERS.* Opgeroepen op augustus 26, 2020, van website van de Vereniging Agrarisch Landschap Achterhoek: https://www.de-vala.nl/de-kleine-parelmoervlinder-gesignaleerd-in-kruidenrijke-akkers/

125. Hallmann, C. A., Sorg, M., Jongejans, E., H. S., Hofland, N., Schwan, H., ... Kroon, H. d. (2017). *More than 75 percent decline over 27 years in total flying insect biomass in protected areas.* Krefeld: PLOS ONE. Opgeroepen op augustus 25, 2020

126. nationale bijentelling. (2020, april 19). *Recordaantal tellers en bijen tijdens de Nationale Bijentelling.* Opgeroepen op augustus 25, 2020,

van website van de nationale bijentelling: https://
www.nationalebijentelling.nl/resultaten-nationale-
bijentelling/#:~:text=Recordaantal%20tellers%20en%20
bijen!,er%20ruim%20130.000%20bijen%20geteld.

127. Klink, R. v., Bowler, D. E., Gongalsky, K. B., Swengel,
A. B., Gentile, A., & Chase, J. M. (2020). Meta-analysis
reveals declines in terrestrial but increases in freshwater
insect abundances. *Science*, 417-420. Opgeroepen op
augustus 25, 2020

128. Odé, B., Willemse, L., Wingerden, W. v., Nieukerken, E.
v., & Kleukers, R. (2015). *Bramensprinkhaan Pholidoptera
griseoaptera*. Opgeroepen op augustus 25, 2020, van
website van het Nederlands Soortenregister: https://
www.nederlandsesoorten.nl/linnaeus_ng/app/views/
species/nsr_taxon.php?id=169871&cat=152

129. Vogelbescherming. (2020). *Staartmees*. Opgeroepen
op augustus 25, 2020, van website van de
Vogelbescherming: https://www.vogelbescherming.nl/
ontdek-vogels/kennis-over-vogels/vogelgids/

130. Attenborough, D. (Regisseur). (2019). *Empire of the Ants – BBC
Documentary HD* [Film]. Opgeroepen op augustus 25, 2020

131. Soortenbank. (sd). *Parelamaniet (Amanita rubescens)*. Opgeroepen op augustus 28, 2020, van website van Soortenbank: http://www.soortenbank.nl/soorten.php?soor-
tengroep=paddenstoelen&id=395&menuentry=soorten

132. Staatsbosbeheer. (sd). *Wildplukken*. Opgeroepen op augustus 28, 2020, van website van Staatsbosbeheer: https://
www.staatsbosbeheer.nl/contact/toegangsregels/wildpluk-
ken#:~:text=Plukken%20is%20ook%20voor%20eigen,pluk-
ken%20van%20paddenstoelen%20daarom%20niet.

133. Zeilmaker, R. (2018, februari 1). *'Niet DDT, maar
jagers en valkeniers roei(d)en roofvogels uit'*. Opgeroepen
op augustus 28, 2020, van website van het
studiecentrum voor natuurlijke historie: https://www.
interessantetijden.nl/2018/02/01/niet-ddt-maar-jagers-
en-valkeniers-roeiden-roofvogels-uit/

134. Klees, D., Maanen, E. v., Linnartz, L., Drenthen, M., & Weide, M. v. (2019). *De Wolf Is Terug! Eng of Enerverend?* Utrecht/Antwerpen: Kosmos Uitgevers. Opgeroepen op augustus 28, 2020

135. Aalbers, R. (2018, januari 16). *Duitse wolf Naya bracht de kerst door in de Achterhoek.* Opgeroepen op augustus 29, 2020, van website van de Gelderlander: https://www.gelderlander.nl/achterhoek/duitse-wolf-naya-bracht-de-kerst-door-in-de-achterhoek~a3e45b7a/

136. Wolven in Nederland. (sd). *Goudjakhals.* Opgeroepen op augustus 29, 2020, van website van Wolven in Nederland: https://www.wolveninnederland.nl/goudjakhals

137. Soortenbank. (sd). *Letterzetter (Ips typographus).* Opgeroepen op augustus 29, 2020, van website van Soortenbank: http://www.soortenbank.nl/soorten.php?soortengroep=insecten&id=625&menuentry=groepen

138. Soortenbank. (sd). *Duitse wesp (Vespula germanica).* Opgeroepen op augustus 29, 2020, van website van Soortenbank: http://www.soortenbank.nl/soorten.php?soortengroep=insecten&id=809

139. Lebas, C., Galkowski, C., Blatrix, R., & Wegnez, P. (2019). *Veldgids Mieren van Europa.* Zeist: KNNV Uitgeverij. Opgeroepen op augustus 29, 2020

140. Ecopedia. (sd). *Hengel.* Opgeroepen op augustus 30, 2020, van website van Ecopedia: https://www.ecopedia.be/planten/hengel

141. Ecopedia. (sd). *Blauwvleugelsprinkhaan.* Opgeroepen op augustus 30, 2020, van website van Ecopedia: https://www.ecopedia.be/dieren/blauwvleugelsprinkhaan

142. RAVON. (sd). *Zandhagedis Lacerta agilis.* Opgeroepen op september 12, 2020, van website van RAVON: https://www.ravon.nl/Soorten/Soortinformatie/zandhagedis

143. Soortenbank. (sd). *Hoornaar (Vespa crabro).* Opgeroepen op september 12, 2020, van website van Soortenbank:

http://www.soortenbank.nl/soorten.php?soorten-groep=insecten&id=806&menuentry=groepen#:~:tex-t=SoortenBank.nl%20%3A%20Hoornaar%20%2D%20Vespa%20crabro&text=Lengte%2018%2D35%20mm%2C%20januari%2Ddecember.&text=Grootste%20inheemse%20wesp%20met%20zwart,meer%20ro

144. Hoopen, J. t., Moraal, L., & Smits, J. (2015). *Insecten schadelijk voor naaldhout,.* Opgeroepen op september 12, 2020, van https://www.nev.nl/pages/publicaties/eb/nummers/2015/75-3/86-96.pdf

145. Slikke, W. v. (sd). *Brede wespenorchis Epipactis helleborine.* Opgeroepen op september 12, 2020, van website van het Nederlands Soortenregister: https://www.nederlandsesoorten.nl/linnaeus_ng/app/views/species/nsr_taxon.php?id=119156&cat=156

146. Boer, V. d. (2011). *Ontwikkelingen van de broedvogels van het Bergherbos (Gld) in 1986-2011.* Nijmegen: Sovon. Opgeroepen op september 27, 2020, van https://www.sovon.nl/sites/default/files/doc/inv%20 2011-20%20Bergherbos_combi%20ZK.pdf

147. Compendium voor de Leefomgeving. (2018, april 15). *Temperatuur in Nederland en mondiaal, 1906 – 2017.* Opgeroepen op september 27, 2020, van website van het Compendium voor de Leefomgeving: https://www.clo.nl/indicatoren/nl022613-temperatuur-mondiaal-en-in-nederland

148. WNF. (2020). *Living Planet Report Nederland – Natuur en landbouw verbonden.* Zeist: Wereld Natuur Fonds.

149. Planbureau voor de Leefomgeving. (sd). *Een korte historie – Natuurbeleidsplan 1990.* Opgeroepen op september 13, 2020, van website van het Planbureau voor de Leefomgeving: https://themasites.pbl.nl/natuurverkenning/over-de-natuurverkenning/uitdagingen-voor-natuur/bouwstenen-van-natuurbeleid/een-korte-historie-natuurbeleidsplan-1990

150. BIJ12. (sd). *Vogel- en Habitatrichtlijn.* Opgeroepen op september 13, 2020, van website van BIJ12: https://www.bij12.nl/onderwerpen/natuur-en-landschap/natuurwetten-en-regelgeving/europese-richtlijnen-en-verdragen/vogel-en-habitatrichtlijn/

151. Planbureau voor de Leefomgeving. (2014). *Verlies aan biodiversiteit in Nederland groter dan elders in Europa.* Opgeroepen op september 13, 2020, van website van het Planbureau voor de Leefomgeving: https://themasites.pbl.nl/balansvandeleefomgeving/jaargang-2014/natuur/biodiversiteit-en-oorzaken-van-verlies-in-europa#:~:text=In%20Nederland%20is%20de%20biodiversiteit,in%20Europa%20en%20de%20wereld.

Over het boek

Hoe gaat het eigenlijk met de bossen in Nederland? Hoe zijn onze bossen de afgelopen 125 jaar veranderd? Jac. P. Thijsse, een van de oprichters van de Vereniging tot Behoud van Natuurmonumenten, bracht in 1896 een bezoek aan de bossen op de heuvels van het Montferland. Doordat hij zijn bevindingen nauwkeurig opschreef in het boekje 'Hei en Dennen', is het mij mogelijk gemaakt om zijn reis over te doen en de veranderingen die in de tussentijd hebben plaatsgevonden in het Nederlandse bos in kaart te brengen.

Dit boek is geschreven in de vorm van een reisverslag waarin ik je als lezer meeneem op mijn ontdekkingstocht door de Montferlandse bossen. Ik zoek de locaties en de soorten waar Thijsse over schreef, beschrijf soorten en ecosystemen die willekeurig op mijn pad komen en beschrijf aan de hand van alles wat ik aantref ecologische, ethische, politieke en sociale ontwikkelingen die vandaag de dag spelen in het Nederlandse bos- en natuurbeheer. Ik sluit het boek af met een samenvatting van de belangrijkste veranderingen en een blik in de toekomst van de Nederlandse bossen.

De auteur

Thijs Willems is in 1999 geboren in Drachten. Na
zijn middelbare school koos hij voor de studie
bos- en natuurbeheer aan de hogeschool Van Hall
Larenstein in Velp. Hij is inventarisatievrijwilliger
voor Staatsbosbeheer (dassen en rode mieren),
en voor onderzoeksinstituut Sovon (broedvogels).
Naast het doen van veldwerk houdt Willems van
lezen, dichten, tekenen en muziek. Willems heeft
oog voor detail en een passie voor kennisover-
dracht. Beide vaardigheden brachten hem ertoe
het boek 125 jaar bosgroei – in de voetsporen
van Thijsse te schrijven. Met het boek spoort hij
mensen aan erop uit te trekken en waar te nemen.
Hij toont aan dat er niet alleen maar slecht nieuws
is te melden over de natuur. Sterker nog: met onze
bossen gaat het redelijk goed, want goed natuurbeheer doet wonderen. Willems is ongehuwd en
woont in Velp.